公共管理
——英國文官體制的再造

黃臺生　著

序　言

　　自一九八〇年代以來，在公共管理領域中發生了全球性的政府改革風潮，此種全球性改革的趨勢有其雙重的意義。第一，推動政府改革的國家數目是相當的多，從英國、美國以及參加經濟合作暨發展組織（OECD）等先進國家，到開發中與第三世界國家都大力推動這種改革計畫，其範圍是全球性的。第二，在改革方法與策略上較過去的改革更爲激進與徹底。故學者D. F. Kettl指稱目前世界各國正發生一場「全球性的公共管理革命」（the global public management revolution）。

　　全球公共管理革命的出現，不僅在理論上象徵著公共行政知識領域的創新，而且在實務上亦意味著政府改革行動的落實，此種政府改革運動，學者稱之爲「公共管理改革」或「政府再造」或「政府轉型」或「行政現代化」。用詞雖不一，但所代表的對象是改造「政府」，並以「小政府」爲走向，將過去政府大小通包的治理型態，轉變由社會或民間來承擔，策略上採取「民營化」、「市場競爭」、「組織精簡」等作法，希望提高行政效率與服務品質，以建立一個「企業型的政府」。

　　筆者任職於行政院人事行政局科長時，參加行政院「培養社會科學高級人才進修計畫」項下之考試倖獲錄取，於民國七十四年八月奉派赴美國紐約大學攻讀博士學位，學習期間對於當時新

興的學科——「公共管理」之理論深感興趣，加以任職於政府部門的緣故，對於公共管理的實務，尤其是英國與美國的政府再造，特別留意與關切。回國之後，筆者對於上述兩國的公共管理改革寫了相當多篇的文章，先後在相關的期刊雜誌中發表，經過整理，特選出英國公共管理改革的部分，以《公共管理——英國文官體制的再造》爲本書的書名，期望對我國目前推動的政府再造有所助益。本書彙集多篇公共管理實務方面的研究，只是一個小小起步而已，今後還有漫長的路要努力前進。

　　值此付梓之際，筆者要向栽培與愛護我的諸位師長與長官致謝，也要向對我鼓勵有加的家人與朋友們表示謝忱。又承蒙揚智文化事業股份有限公司總經理葉忠賢先生與總編輯林新倫先生的玉成，本書始得如期付梓，謹此一併致謝。作爲研習公共管理的後學，就所見所學發表議論，未必持平中肯，本書內容如有偏誤疏失之處，尚祈諸位學者專家與讀者不吝賜教。

黃臺生

民國九十二年九月

目　錄

第一章

英國中央行政機關的組織及其權力

第一節　英國簡介

英國全稱為大不列顛及北愛爾蘭聯合王國（the United Kingdom of Great Britain and Northern Ireland），簡稱聯合王國（the United Kingdom）或不列顛（Britain）。係由英格蘭（England）、威爾斯（Wales）、蘇格蘭（Scotland）和北愛爾蘭（Northern Ireland）所構成。茲將英國最近的概況略述如下：

1. 面積：二四四、一〇八平方公里。
2. 人口：五、八八二萬人（2000年）。
3. 平均國民所得：二三、七七九美元（2000年）。
4. 主要語言：英語。
5. 主要宗教：英國國教派（50％）、天主教。
6. 憲法類型：不成文憲法。
7. 國家型態：單一國家。
8. 國家體制：君主政體。
9. 政府體制：內閣制。
10. 國會制度：採兩院制，下議院係以小選舉區制之普選選出，任期五年，上議院為世襲或政府任命。
11. 行政區分：包括大不列顛（英格蘭、蘇格蘭、威爾斯）及北愛爾蘭。

12.主要政黨：保守黨、工黨、社會與自由民主黨、綠黨、
　北愛爾蘭黨、蘇格蘭與威爾斯國民黨、社會民主黨等。
13.政治文化：具備高度的民主政治文化。

第二節　英憲根本精神

「英國憲法是生長的、而非制定的」，由是英憲的精神亦時在
演進，日在發展。根據羅志淵教授綜合各家的說法，認為英國憲
法的精神可以歸納為四個原則：(1)法律主治；(2)國會主權；(3)
君主立憲；(4)權力匯一（羅孟浩，民57：40-46）。茲就上述原則
的現代涵義略述如次：

一、法律主治

此即法律至上或法律統治，是有別於只憑非法的專斷，或憑
非法的選擇方式裁決或處分個人權利者。在英國，法治表示下列
幾個涵義：(1)政府的一切活動必須遵守法律，此即為行政行為
合法性原則；(2)法治原則不局限於合法性原則，還要求法律必
須符合一定標準，具備一定內容；(3)法治原則表示法律的保護
平等；(4)法治原則表示法律在政府和公民之間無所偏袒（王名
揚，1989：11）。

二、國會主權

英國有句頗為奇特的話,即「國會除不能造人外,能作任何事情」,即意為國會的權力達於人世社會一切事宜。所謂國會主權或國會至上是暗示有兩個重要原則(Coxall and Robins, 1992:99-102):(1)國會有合法的權力去制定、修改或廢止不論怎麼樣的任何法律,修改或取消普通法的任何規例,廢棄法院的任何判決,以及使任何確定的憲典為非法;(2)並無其他官署或機關有權以推翻或取消國會所為之任何事項。

三、君主立憲

在英國憲政體制之下,雖仍有君主的存在,但已成為受限制的君主(limited monarchy)。君主的統治實權,因多年來君主與國會長期鬥爭的結果,國政大權已轉移於國會,由國會產生內閣以為實際處理政務的機關。國政的措施權,操於內閣,惟內閣發號施令,則仍以英皇的名義行之,所以英王是居於虛尊之位,成為國家統一的象徵,內閣乃為政治上的實權機關,由內閣代元首對國會負實際政治責任,是即普通所謂之君主立憲,亦即為責任內閣制之別稱。

四、權力匯一

　　從政權行使的觀點而言，英國政治制度可謂為「責任議會政治之受限制的君主制」（limited monarchy with responsible parliamentary government）。所謂受限制的君主制，如前所述，即為立憲君主制（the constitutional monarchy）。所謂責任議會政治是指國務員乃對國會負責，國會乃對選民負責。實際言之，此一政治制度乃繫之於內閣制，閣揆在內閣為主席，在下議院則居於多數黨領袖，兩位一體，行政權和立法權都繫於其人一身，是為權力匯一的表現。

　　上述之英憲根本精神，影響深遠，使得政治制度於實際運作時會顯現出下列幾點特徵（雷飛龍，民77：368）。

1.法律上國會至上：國會通過之法律，行政首長不能否決，司法機關無權審查。

2.政治上內閣控制：內閣由下議院多數黨領袖組成，可以控制國會。

3.行政上首相領導：已有首相制政府（prime ministerial government）之說。

第三節　政府組織體系

　　有關英國政府的組織體系，可由**圖**1-1中得知全貌，至於中央行政部門的組織架構則可從**圖**1-2中得到瞭解。

　　於此，值得一提的是，本章關於英國中央行政機關的組織及其權力，也只是一個提綱性的說明，以作為瞭解行政機關活動的背景。以下各節擬分別說明：英王和樞密院、首相和內閣、部長和部，至於文官制度留待後續章節再行論述。

第四節　英王和樞密院

一、英王

（一）英王的地位

　　英王的地位可以從政治和法律兩方面來看。在政治方面，英王是英國最古老的政府機關。在一六八八年光榮革命以前，英王是實際的統治者，通過輔助機構行使立法、行政、司法各種權力和控制地方行政。光榮革命之後，建立國會最高原則和法官任期

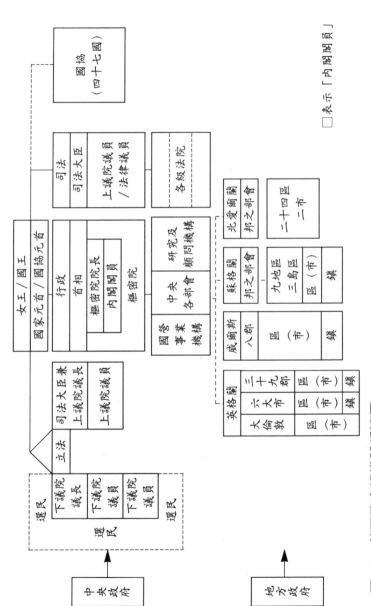

圖1-1 英國政府組織體系簡圖
資料來源：楊百島，民73：79。

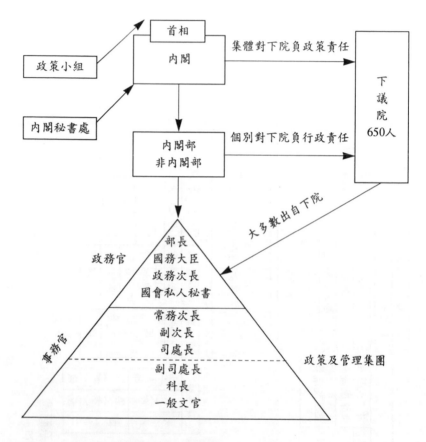

圖1-2 中央行政部門的組織架構
資料來源：雷飛龍，民77，369。

保障原則，英王權力受到很大的限制。十八世紀中葉責任內閣制
度確立之後，英王的權力進一步削弱。英國政治發展的歷史，就
是政治權力由英王移轉於國會，又由國會移轉於內閣的歷史（陳
世第譯，民60）。現代英王已經失去實際的政治權力，也不再介

入實際政治活動和負擔任何政治責任。

在法律方面，英王是英國憲政和行政法的中心環節。爲了理解英王的法律地位實質，吾人必須注意英國法律的形式主義和英國憲政慣例對法律的補充，以及英王的雙重資格。

在法律上，英王今天和過去一樣仍然行使全部統治權力，是立法、行政和司法中的一個不可缺少的角色。國會議決的法律案須經英王同意，法官判決亦是以英王名義發布，英王也是司法的源泉，任命所有高級的法官。這種法律和實際政治脫節的現象是英國法律形式主義的結果，其根源在於光榮革命和封建勢力妥協而告終，並沒有徹底摧毀封建觀念，許多新興事物仍然寄託在原來的觀念形式之下，因而英王的傳統權力，形式上仍然存在。但是英王行使權力的行爲，依照憲政慣例必須由內閣大臣副署，因而英王在法律上的權力實際上由內閣大臣行使。

英王的這種法律地位是指政治制度中的英王而言，是英王在公法上的地位。英王除作爲政治制度中的一個環節之外，也是一個具體的人。作爲個人，英王在法律上享有某些特殊的待遇，例如享有個人的崇高榮譽和尊嚴、不納租稅、不能被訴等。但這是個人生活中的英王，要和政治制度中的英王分開。政治制度中的英王是一個抽象的職位，和具體的英王個人的生死存亡無關。正是由於英王的這種抽象的法律地位，所以在英國的法律概念中沒有國家觀念，英王就是國家的象徵。英國法律爲了區別英王兩種不同的資格，稱制度中的英王爲王權或王冠（crown），英王個人爲君主或王（king, monarch）（鄒文海，民63：49-50；Jones and

Kavanagh, 1987:90-94）。

（二）英王的職權和作用

英王的職權是指英王在法律上所享有的權力而言。作爲國家的元首和政府首腦，英王必須參與立法、行政和司法等方面的重要活動。在立法方面，一切法律由國會制定後必須經英王同意公布。在行政方面，英王任命大臣維繫政府，發布一切重要的行政決定。內閣的一切決策依例每週必須向英王呈報，一切重要的文件必須由英王簽字，大臣副署。英王統帥軍隊，賜予榮典和勳章，接見外交使節，進行出國訪問。在司法方面，英王任命法官，是司法正義的源泉。除了政府方面的職務，英王還是英國國教的世俗領袖。英王出席重要的典禮，並參加很多公開活動。

英王在法律上的這些職權，如上所述只是一種形式並不能親自行使。權力實際上掌握在內閣手中。英王在英國政治生活中的真正作用與功能不在於其有上述的職權，而在於英王作爲國家元首與政府首腦時所發生的重要影響（Harvey and Bather, 1982:212-218）：(1)作爲國家元首，英王號召全國團結激勵民眾愛國情緒；(2)作爲政府首腦，英王是英國政治生活中連續性的象徵和政治決策顧問，由於英王不必隨著內閣改換更替，因而能夠累積任何其他人所不能得到的經驗。英王可以利用這些經驗影響政府的決策，對於內閣的決定予以鼓勵或警告，產生影響力；(3)英王是大英國協的元首，乃爲一個統一的象徵。現在的女王伊利莎白二世的正式頭銜爲「奉天承運、大不列顛與北愛爾蘭聯

合王國及其他領土及屬地的女王、國協元首、護教者伊利莎白二世」。在這個頭銜中包括「國協元首」這一稱謂。

二、樞密院

(一) 演變

樞密院同英王一樣,也是古老的政治機構。最早的淵源可以追溯到中世紀安格魯克遜族(Anglo-Saxons)王朝統治英國的時期。當時輔助國王實行統治的是由王室成員、長老、高級僧侶組成的「智人會議」(Council of Wise Men)。西元一〇六六年威廉征服英國以後,智人會議更名為「大會議」(Great Council),參與會議者仍屬皇室要員、教會主教以及國王所召集的各方貴人。每年開會三次,協助國王決定政策、制定法律、監督行政、受理訴訟案件。而「大會議」則孕育出「小會議」(Little Council),由國王和親近的官員組成,經常舉行會議,協助國王處理全部日常行政事務。以後「小會議」又於其中產生「常設會議」(Permanent Council),「常設會議」復派生出「樞密院」(Privy Council),更由樞密院中的委員會發展出內閣的機體,是內閣制淵源之所自。都澤(Tudor)王朝時期,樞密院的權力很大,十八世紀內閣建立之後,行政上的決策由內閣掌握,樞密院逐漸成為實際上毫無權力的機構。但是樞密院是英王作為行政首腦時的輔助機關,所以是形式上的最高行政機關,而內閣所掌握的權

力，是實際的權力。內閣的很多決定通過樞密院的同意用樞密院令（Orders in Council）發表，才能產生效力。

（二）組織與職權

◆成員

樞密院約有三百三十個議員，由英王根據首相建議以特許狀任命，這些議員依其性質得分為三類：第一類是現任及曾任內閣閣員及自治領國家的閣揆，第二類為法律貴族議員及大主教，第三類為對政治、文化及國家有功勳而經加封者。這三類議員之中，以曾任或現任閣員者為最多數。按照慣例，凡為閣員者，必先為樞密院議員而經保密、公正及忠貞之宣誓乃能入閣而參與閣議。樞密院議員為終身職，但英王得予除名，或者以樞密院令終止其議員資格。所有樞密院議員均予尊稱之銜（the title of right honorable）。

◆會議

樞密院的大會，僅在英王登位或舉行其他莊重之大典時才召開。例會則法定人數僅為三人，樞密院議長及閣員二人已可開會。一般開會時出席的議員通常為四、五人，由與會議事項有關的部長出席。議員通常是於白金漢宮會晤英王即作為「國王與樞密院」（King in Council）的體制，但有時遇有緊急事務處理之際，國王並未在場。

◆職權

樞密院的主要職權是發布皇家公告和樞密院令。公告用於宣

布需要全國周知的事情，例如議會的召集、解散、延期、宣戰、媾和等重大決定。樞密院會主要用於宣布委任立法或者制定根據英王特權所規定的條例。公告和命令的內容由內閣決定，內閣對此負政治責任。樞密院的公布，證明英王已經批准，因而發生法律效力。樞密院除舉行院會以頒發敕令外，尚有各種委員會。有的是常設的，有的是臨時的，其中有些委員會和行政無關而是指導研究工作的，最重要的委員會是依一八三三年法律設置之司法委員會，以為對宗教法院及各殖民地法院裁判提起上訴之終審法院。

第五節　首相和內閣

一、首相

(一) 起源

首相是政府的實際首腦，一切政治行動由他導演，一切政務措施由他策動，可以說整個政權的運用，總離不了他的操縱指使。然而首相的地位與內閣一樣由憲政慣例所決定。英國第一位首相一般認為產生於喬治一世（George I）時期。喬治一世乃屬德國漢諾威族人，繼承英國王位後，由於不懂英語不再主持內閣

會議，由一名大臣主持會議。一九七一年時，喬治一世任命國會多數黨領袖華爾坡爵士（Sir Robert Walpole）爲財政第一大臣（First Lord of Treasury）並主持內閣會議。華爾坡長期擔任內閣主席，直到一七四二年失去國會多數時才辭職，創立近代意義的首相和責任內閣制先例（Harvey and Bather, 1982:220-221）。從此以後始終有一位大臣被認爲是政府首腦。在多數情況下首相大都兼任財政第一大臣，也有少數情況下兼任其他的職務。例如，第二次世界大戰期間，邱吉爾（Winston S. Churchill）同時擔任首相和國防部長；一九六八年到一九八三年期間，首相兼任文官部長。從一九〇二年以後，按照憲政慣例，首相的職位只能由下議院議員擔任（羅志淵，民70：62）。

（二）地位

在英國公法上，最令人驚奇的事就是政府中實際權力最大的人是法律上最無權力的人；另一方面，法律上最具有權力的人在實際上卻是無權的人。這種奇怪的現象是一個問題的兩面，彼此互相關聯。英王和首相、樞密院和內閣就是這種現象的代表。他們之間的關係如同雙簧，一個在前，另一個在後，在前者所作所爲都由在後者設計安排。英國法律授予英王各種權力，授予部長各種權力，卻沒有授予首相權力。首相的存在，只在極稀少的情況下得到法律的承認，例如一九三七年的英王大臣法或稱國務員法（Ministers of the Crown Act, 1937），僅規定首相和國務員薪俸的數額，但是沒有授予首相法定的權力和地位。首相的地位由憲

政慣例所產生，其權力亦由憲政慣例決定。這種事實上的權力，是通過其他途徑（諸如：黨魁、下議院領袖、內閣的主席及政策協調者等）發生法律效果（Jones and Kavanagh, 1987:126-129）。

(三) 權力

根據憲政慣例，首相享有下列各種權力（Rose, 1989:71-81; Richards, 1988:Chapter 6）：(1)代表政府向英王報告全部情況；(2)代表政府在國會中為政府的重大政策進行辯護；(3)向英王提出任命內閣成員和其他部長名單，也可要求他們辭職或變更他們的職務；(4)主持內閣會議，決定內閣議事日程；(5)向英王推薦高級法官、主教和對某些其他官員的任命；(6)決定各部職權的劃分、決定部的成立、合併與廢除；(7)對各部業務進行指示與指導，解決各部之間的爭議；(8)常與各自治領國家首相直接交往，並定期主持這些首相間的各種會議。

上述這些權力使首相的地位凌駕於其他內閣大臣之上。第二次世界大戰之後，由於：(1)英國大選性質的改變；(2)首相控制用人權；(3)需要迅速決策；(4)首相有幕僚的協助等四種原因，使得首相的權力又有加強的趨勢（雷飛龍，民66b：22-34）。許多重大決定由首相單獨作出，或和有關部長商量後作出，然後由內閣會議追認。首相除掌握政府權力之外，作為國會多數黨的領袖，實際上亦操縱國會的活動（Norton, 1991:205）。

（四）類型

首相的權力已如前所述是非常的廣泛，惟實際運作時常依其所追求此一首相職務的目的而定。英國自從一九〇〇年以來，已歷經十九位首相（詳見**表1-1**），他們追求首相職務的目的各有所不同。諾頓（Philp Norton）曾將首相追求權力的目的歸納為下列四種類型（Norton, 1991:203-205; Norton, 1988:110），並將十八位首相分別予以歸類（詳見**表1-2**）。

1. 創新者（innovators）：為了達成其個人未來所追求的目標，必要時會動員所屬的政黨全力以赴以完成該目標。
2. 改革者（reformers）：對於所屬政黨所擬定的計畫努力促其實現。
3. 利己主義者（egoists）：對於未來的目標較不關切，對於眼前的事與物多所留意，並努力鞏固其權力。
4. 平衡者（balancers），此可分為兩類，一類係以追求權力為目的（power-seeking），使得社會與該黨之內部能達成平衡；另一類係經過妥協之後被徵召（conscript）出任。

（五）首相辦公處

首相的唐寧街十號宮邸，需有人為他個人服務，這便是首相私人的秘書處，或稱唐寧街十號秘書處。這是魯易喬治於一九一六年擔任首相時創始的，中間雖曾經邦納羅擔任首相時取消，但

表1-1　一九〇〇年以來英國歷任首相

任職開始時間	首相	政黨
1895年6月25日	薩理斯伯利（The Marquess of Salisbury）	統一黨（保守黨）
1902年7月12日	巴爾福（Arthur James Balfour）	統一黨（保守黨）
1905年12月5日	康倍爾－巴納孟（Sir Henry Campbell-Bawnerman）	自由黨
1908年4月8日	阿士啓斯（Herbert Henry Asquith）	自由黨（a）
1916年12月7日	魯易喬治（David Lloyd George）	自由黨（b）
1922年12月23日	邦納羅（Andrew Bonar Law）	統一黨（保守黨）
1923年5月22日	鮑爾溫（Stanley Baldwin）	統一黨（保守黨）
1924年1月22日	麥克唐納（J. Ramsay MacDonald）	工黨
1924年11月4日	鮑爾溫（Stanley Baldwin）	保守黨
1929年6月5日	麥克唐納（J. Ramsay MacDonald）	工黨
1931年8月24日	麥克唐納（J. Ramsay MacDonald）	國民工黨（c）
1935年6月7日	鮑爾溫（Stanley Baldwin）	保守黨（c）
1937年5月28日	張伯倫（Neville Chamberlain）	保守黨（c）
1940年5月10日	邱吉爾（Winston S. Churchill）	保守黨（d）
1945年5月23日	阿特里（Clement Attlee）	工黨
1951年10月26日	邱吉爾（Sir Winston Churchill）	保守黨
1955年4月6日	艾登（Sir Anthony Eden）	保守黨
1957年1月10日	麥克美倫（Harold Macmillan）	保守黨
1963年10月19日	道格拉斯－何姆（Sir Alec Douglas-Home）	保守黨
1964年10月16日	威爾森（Harold Wilson）	工黨
1970年6月19日	希斯（Edward Heath）	保守黨
1974年3月4日	威爾森（Harold Wilson）	工黨
1976年4月5日	卡拉漢（L. James Callaghan）	工黨
1979年5月4日	柴契爾（Margaret Thatcher）	保守黨
1990年11月28日	梅傑（John Major）	保守黨

註：　(a) 代表1915年5月起為聯合政府。

　　　(b) 聯合政府。

　　　(c) 國民內閣（National Government）。

　　　(d) 聯合政府（1940年5月至1945年5月）；國民內閣（1945年5月至7月）。

資料來源：Norton, 1991:204。

表1-2　首相的類型

創新者	改革者	利己主義者	平衡者	
			追求權力	被徵召
邱吉爾（戰時）	康倍爾－巴納孟	魯易喬治？	薩里斯伯利	邦納羅
希斯？	阿士啓斯	麥克唐納？	巴爾福？	道格拉斯－何姆
柴契爾	張伯倫	艾登	鮑爾溫	
	阿特里	威爾森	邱吉爾(承平時期)	
		希斯？	麥克美倫	
			卡拉漢	

資料來源：Norton, 1988:110。

因事實上首相官邸確有許多事需人協助，是以沿襲下來。目前在首相辦公處（Prime Minister's Office）服務的人員大約爲七十人至八十人之間，分別在機要室（Private Office）、新聞室（Press Office）、政治室（Political Office）與政策小組（Policy Unit）服務（Coxall and Robins, 1992:120-121）。

　　機要室的工作在於促進首相與國會、行政部門、民眾之間的關係，諸如安排首相的約會及其他工作日程、非政治性的恩惠任用、首相所需的各種背景資料等。新聞室負責處理首相與大眾媒介之間的事務。政治室則在處理首相選區與所屬政黨之間的事情。至於政策小組，係成立於一九七四年，負責處理有關中、長期的政策分析工作，並對首相提供政策建議。政策小組亦經常與

各部會政治任命的官員以及專家保持密切聯繫。柴契爾夫人主政期間不僅擴大了政策小組的範圍與規模，且將文官第一次納入該小組內，並且聘請了有關經濟、外交與國防等方面的專家為政策顧問。

二、內閣

(一) 起源

內閣制度起源於樞密院。由於樞密院的人數日漸增加，十七世紀之初，英王作決定時，往往不召集全體人員參加，只和一部分其最親密的樞密院議員在王宮舉行會議，稱為內閣。安妮女王時期（1702-1714），選擇國會中多數黨擔任內閣大臣，內閣成為英國實際上的最高權力機關，樞密院則成為形式上的最高權力機關。內閣會議最初由英王主持，對英王負責。如前所述，安妮女王死後，一七一四年喬治一世繼承英國王位，由於他生長在德國，不懂英語，從一七一七年起不再參加內閣會議，會議由一名大臣主持，從而創下英王不參加內閣會議的先例。從此以後內閣會議獨立舉行，只對國會負責。十九世紀以來政黨地位益形重要，由於內閣由國會中多數黨組成，結果形成內閣實際控制國會的局面。

（二）組織

◆閣員

內閣的組織沒有法律規定，按照憲政慣例，由國會中多數黨組成。人數不定，通常包括二十人到二十五人（詳見**表1-3**）。由部長和不管部務的大臣（例如樞密院院長、蘭卡斯特公爵郡大臣等）參加。部長不是全都參加內閣，所以內閣並不是包括全體政府大臣在內。內閣人選由首相決定，首相在決定內閣成員時，大都是依據下列四個標準（Rose, 1989:72）：個人的忠誠度（personal loyalty）、吸納（co-optation）、代表性（representativeness）與行政能力（competence）。換言之，對於黨內各派力量的平衡，部長的政治地位、行政才幹、部的大小和重要程度、對支持者的報答、地理因素等均要予以考量。閣員同時兼任國會議員，一般是下議院議員。上議院閣員為二名或三名，首相認為必要時可隨時調整內閣的人選。

◆會議

內閣會議通常是每星期四早上舉行一次，時間為二或三小時，必要時由首相隨時召集，全體閣員參加。會議內容受到官署機密法（Official Secrets Act）的規定和閣員在樞密院中宣誓遵守保密義務的限制，不對外公開。內閣閣員對會議中的一切決定不論在討論時是否贊成，必須對國會集體負責。閣員不贊成首相的政策或內閣的決定時，只能辭職。這個慣例已在許多個案中被打破，例如二十世紀七〇年代關於英國是否參加歐洲經濟共同體問

表1-3 保守黨內閣的閣員（1992年4月12日）

職稱	姓名
首相（Prime Minister, First Lord of the Treasury and Minister for the Civil Service）	John Major
大法官（Lord Chancellor）	Lord Mackay of Clashfern
外交及國協部長（Secretary of State for Foreign and Commonwealth Affairs）	Douglas Hurd
內政部長（Home Secretary）	Kenneth Clarke
財政部長（Chancellor of the Excheguer）	Norman Lamont
公共支出大臣（Chief Secretary to the Treasury）	Michael Portillo
掌璽大臣兼上院領袖（Lord Privy Seal and Leader of the House of Lords）	John Wakeham
蘭卡斯特公爵郡大臣（Chancellor of the Duchy of Lancaster）	William Waldegrave
環境部長（Secretary of State for the Environment）	Michael Howard
國防部長（Secretary of State of Defense）	Malcolm Rifkind
教育及科學部長（Secretary of State for Educatioin and Science）	John Patten
樞密院長兼下院領袖（Lord President of the Council and Leader of the House of Commons）	Tony Newton
交通部長（Secretary of State for Transport）	John MacGregor
就業部長（Secretary of State for Employment）	Gillian Shephard
貿易和工業部長（Secretary of State for Trade and Industry and President of the Board）	Michael Heseltine
社會安全部長（Secretary of State for Social Security）	Peter Lilley
衛生部長（Secretary of State for Health）	Virginia Bottomley
農漁糧食部長（Minister of Agriculture, Fisheries and Food）	John Gummer
北愛爾蘭部長（Secretary of State for Northern Ireland）	Sir Patrick Mayhew
威爾斯部長（Secretary of State for Wales）	David Hunt
蘇格蘭部長（Secretary of State for Scotland）	Ian Lang
國家傳承部長（Secretary of State for National Heritage）	David Mellor

資料來源：Coxall and Robins, 1992:573。

題上就沒有遵守。上述集體責任的原則近年來已受到質疑，彼等認為會削減閣員的個人責任，另有人認為在內閣會議中已花費了許多時間從事協商及尋求妥協，似乎沒有必要再求其辭職（Kavanagh, 1985:202-203）。

◆小型內閣和核心內閣

在戰爭時期和緊急危機時期，為應付非常事變起見，常組織「小型內閣」，參加人數限於幾名重要大臣。例如第一次大戰時，內閣最初只有五人，後來為六人，其中除財政部長外，其餘都是不管部務的。第二次世界大戰時，內閣閣員維持在五人至九人之間。在一九五六年蘇伊士運河危機和一九八二年福克蘭群島危機時，也曾有過小型內閣。即使平時狀態，由於內閣成員經常在二十人至二十五人之間，首相往往就某些決定只和幾個重要閣員討論，因此在內閣當中自然會形成一個人數很少的「核心內閣」。

◆委員會

從十九世紀上半期以來，內閣為了某一特定目的有時設立委員會。一九〇三年所設立的「帝國國防委員會」（Committee on Imperial Defence）成為內閣委員會中第一個常設委員會。二十世紀以來內閣事務增加，委員會的設立更多。有些委員會，例如立法委員會、國防委員會屬於經常設立，有些委員會則屬於臨時性質。常設委員會係以其英文第一個字母為其名稱，例如E Committee就是指經濟策略委員會（Economic Strategy Committee）。委員會的設立和人選完全保密（雖然柴契爾夫人曾於一九七九年打破傳統承認有委員會存在，但是官方文件並未加

以證實）。非閣員部長可以參加委員會。委員會還可以設立分支
委員會。威爾森擔任首相時，分支委員會就多達一百個。二次大
戰之後內閣委員會多達四百六十六個，但是在卡拉漢擔任首相期
間（1976-1979）則減至一百九十個，柴契爾夫人於一九八七年
時將其減至一百三十五個，其中二十五個爲常設委員會，一百一
十個爲臨時性質的特別委員會（Coxall and Robins, 1992:127）。
委員會的任務是準備內閣討論的議題，協調各部之間共同有關的
事務，也可由內閣授權決定某些問題。雖然，委員會的存在並不
會影響內閣成員的集體責任，惟曾爲內閣閣員的柯羅斯曼
（Richard Crossman）卻認爲委員會會減損內閣的權力（Norton,
1991:208）。

◆內閣辦公處

一九一六年以前，內閣會議無有系統的組織工作，沒有人準
備議事日程及對內閣的決定作爲記錄。直至一九一六年魯易喬治
首相爲使戰時內閣工作更爲有效率起見，乃設立內閣秘書處
（Cabinet Secretariat）。內閣秘書處成立之後，首相得其協助，擴
大不少權力。內閣秘書處目前的工作有下列三方面：(1)負責準
備內閣的議程；(2)記錄內閣和委員會的議事情形和所作的決
定；(3)將內閣的決定，通知有關部門，並加以追蹤考核。內閣
秘書處已逐漸發展成爲規模龐大的內閣辦公處（Cabinet
Office）。截至一九九二年四月一日爲止，已有職員一千四百七十
六人（HM Treasury, 1992:19），由內閣秘書長（Secretary of the
Cabinet）領導，他同時爲國內文官首席（Head of the Home Civil

Service）。除上述內閣秘書處之外，內閣辦公處之下尚有下述機構：

1. 歷史與紀錄科（Historical and Records Section）：負責編寫官方史料及內閣記錄的管理。

2. 中央統計局（Central Statistical Office）：負責全國統計行政，以供制定政策使用。

3. 公共服務與科學局（Office of Public Service and Science）：負責提供甄選、訓練與職業衛生等方面的服務；制定人員的發展、管理及公平機會的政策。它亦負責推動有關「公民憲章小組」（Citizen's Charter Unit）、「效率小組」（Efficiency Unit）與「創新發展方案」（Next Steps Initiative）等方面的工作，以促進行政效能與效率的提高，以及服務品質的提升。而「科學與技術局」（Office of Science and Technology）亦隸屬於公共服務與科學局（HMSO, 1992:42-43），成為該局的一部部分。

4. 文官大臣辦公室（Office of the Minister for the Civil Service，簡稱OMCS）（按：亦有人譯為文官大臣事務局）：英國的人事行政機關，始於一八五五年設立文官委員會（Civil Service Commission）辦理文官考試，其他人事管理工作則由各部自理，一九二〇年統一各部一般人員職級（分行政級、執行級、書記級、打字級），由財政部管理，一九六八年成立文官部（Civil Service

Department），由首相兼部長，接管財政部原辦之人事管理
工作，文官委員會並併入文官部，一九八一年十一月首相
柴契爾夫人認為文管部有為文官謀福利之嫌，因此撤銷文
官部，另成立管理及人事部（Management and Personnel
Office），隸屬於內閣辦公處，將人力規劃、員額編制、敘
級支薪等主要業務交還財政部，一九八七年八月撤銷管理
及人事部，改組為文官大臣辦公室，仍舊隸屬於內閣辦公
處，掌理人員甄選、培訓、高級文官、政府組織等方面的
業務。內閣秘書長為國內文官首席，承首相指示掌理文官
大臣辦公室之事務（Drewry and Butcher, 1988:92-95）。一
九九三年十一月梅傑首相裁撤文官大臣辦公室，另改設前
述所稱之「公共服務與科學局」，直接承受原文官大臣辦
公室之職權，而財政部所擁有人事方面之職權並未作變
更。

5.中央政策審核小組（Central Policy Review Staff）：係於一
九七〇年由保守黨的希斯擔任首相之後所設立的，一九七
四年工黨的威爾森繼任首相之後仍然繼續維持。它主要的
工作在於負責審查政府的戰略計畫和擬定長期政策目標，
是政府的智庫（think tank）。由於柴契爾夫人較偏愛於人
數僅為中央政策審核小組的一半，且單獨能與其一起工作
的「政策小組」（Policy Unit），因此於一九八三年將中央
政策審核小組予以裁撤（Kavanagh, 1985:194; Rose,
1989:99）。

（三）職權

內閣是英國最高的決策機關和政府活動的領導中心。然而內閣的權力不是根據法律規定，而是根據憲政慣例所享有。如上所述一九三七年的英王大臣法（或稱國務員法）首次在法律上提到內閣的名稱。但是這個法律和以後同樣的法律主要是規定大臣（或國務員）的薪俸，沒有授予內閣職權。由於內閣無法律規定的職權，內閣的決定要發生效力必須由國會制成法律，或者用樞密院令公布。後一方式只在內閣的決議是根據法律授予英王的權力或行使英王特權時才採取。

根據一九一八年以來之慣例，內閣的主要職權或功能是（Kavanagh, 1985:194；鄒忠科、黃松榮譯，民74：202-203）：(1)關於呈送國會的政府政策做最後的裁決；(2)監督和貫徹執行國會所通過的政策；(3)協調政府各部的工作和確定各部的職權範圍。依照憲政慣例，內閣在行使上述權力時必須集體對國會負責。國會對內閣不信任時，內閣必須辭職，或者解散國會重新選舉。

第六節　部長和部

一、部長

（一）種類和官銜

英國部長（或稱國務員）（Ministers）的範圍很廣，除政府中任職的部長之外，還包括某些宮廷人員，例如皇室會計主任（Treasurer）、審計主任（Comptroller）、副掌禮大臣（Vice-Chamberlain）等都屬於部長的範疇。但通常所謂部長是指在政府中任職的部長而言。

政府中的部長依一九三七年的英王大臣法（或稱國務員法）的規定，分為閣員部長和非閣員部長。非閣員部長包括次級部長（junior ministers）在內。按等級高低排列，英國的部長大致可以分為：(1)核心內閣部長；(2)一般閣員部長；(3)不入閣的大臣；(4)國務大臣（Minister of State）；(5)次級部長，即政務次長（Parliamentary Under-Secretary of State）。全部高級部長由首相提名，英王任命，次級部長由首相任命。另外，政府在國會中負責執行黨紀的黨鞭（Whip）按其資歷高低，亦可以分別屬於上述適當類別之中。大體言之，部長的人數在第一次世界大戰前常達

五十人左右，直至一九八九年十月部長的名額則多達一百零五名
（詳見**表**1-4）。

　　部長按其是否主管一個部的工作可分爲部門部長和非部門部
長。前者例如財政部長、內政部長等主管一個部的行政工作；後
者不主管部的工作，包括首相樞密院院長、掌璽大臣等。非部門
部長由首相分配擔任某方面的任務，例如內閣委員會的主席，執
政黨在國會中的領袖或其他重要職務。但首相也可兼任部門行政
工作。

　　英國政府各部設立於不同的歷史時期。有的部長如大法官產
生於中世紀中期或末期，例如掌璽大臣設立於十四世紀，樞密院
院長設立於十五世紀末。但是很多部長是近代才產生的。部長的

表1-4　英國政府部長的人數（1989年10月）

名稱	下議院	上議院	總數
內閣部長（包括首相）	20	2	22
國務大臣（a）	25	8	33
法務官員（Law Officers）	2	1	4(b)
政務次長	22	4	26
黨鞭（包括首席黨鞭）	14	6	20
合計	83	21	105

註：（a）代表包括財政部主管財政與經濟的國務大臣在內。
　　（b）代表包括蘇格蘭的副檢察長（Solicitor General）Alan Rodger在
　　　　 內，因爲他不是下議院或上議院的成員。

資料來源：Norton, 1991:210。

官銜仍然保持傳統的稱呼，非常複雜。很多部長例如內政部長、外交和國協部長稱Secretary of State，財政部長稱Chancellor，掌璽大臣稱Lord，有些部長稱President，例如樞密院院長，有些部長稱為Minister，如農漁糧食部長。官銜的不同只反映各部成立時間的先後，和部長的級別沒有關係。部長級別的高低取決於其直接參加決定政策的程度。

(二) 職權

部長的權力依部長的等級而不同。閣員部長除管理本部的行政事務之外，還參加內閣會議，決定國家的大政方針。非閣員部長只管理本部事務，在和本部事務有關時可由首相邀請參加內閣會議，權力自然比閣員部長小。但由於政府事務太多，只有重大事務（如預算案）才由內閣討論決定，其餘大都由部長決定，或由部長和首相商量後決定，所以部長的權力越來越大。鮑爾（Edward Boyle）與柯羅斯南（Anthony Crosland）兩人均曾擔任英國教育部長，都認為教育政策的創新與決定都是出自他們個人任內，而不是經由內閣決定（Kogan, 1971:38），柯羅斯南僅就二項有關教育政策的問題提請內閣討論決定。因此，有人認為英國已具備部長政府（ministerial government）的形式。

國務大臣分擔部長一部分職務。領導部中某一方面的工作，其有較大的決定權力，地位相當於部長和次長之間。政務次長的職務在國會中代表部長，加強部長和國會的聯繫，並為本部的政策和行政管理進行辯護。如果部長是上議院議員時，往往由下議

30 公共管理
—— 英國文官體制的再造

院議員擔任政務次長，以為部長與下議院的橋樑。部長也可分配政務次長領導部中某一方面的工作。所以國務大臣和政務次長的權力往往取決於部長的關係而定。另一方面，他們的權力亦取決於和首相的關係而不同，因為首相可以隨時邀請非閣員部長、國務大臣和政務次長參加內閣中某一委員會的工作。

其次，部長的權力依其主管事務的性質而不同。例如財政部長、外交及國協部長主管的事務範圍甚廣，一般具有較大的職權。所有的部長在其職務範圍之內，有時作為英王的代理人行使英王所具有的權力，有時法律直接授予部長某些權力，以貫徹部長個別對下議院所負的責任（Norton, 1991:211）。

部長之間對於其角色的認知各有所不同。大體上來說有一共識存在，即他們在憲政體制上會對各該部的工作負責。無論各部的高級文官對部長而言是有益或無利的，部長都不能將此一責任下授。黑迪（Bruce Heady）認為部長的主要工作包括（Heady, 1974）：(1)在國會與公眾場合中代表本部；(2)處理本部有關利益團體的問題；(3)綜理部務；(4)代表本部出席內閣會議或部際委員會。假如部長為內閣閣員將有機會對一般政策的制定有所貢獻。黑迪曾與閣員部長面談過，認為英國已是部門制政府（departmental government）而不是內閣制政府（cabinet government），因為部長已理解他們自己的角色（Heady, 1974:60）。他同時發現所面談過的部長大都認為他們是各該部的代表或發言人，特別是在面對外在的世界（如國會、內閣與民眾）時。另外有人認為他們的角色是著重於內部，即在於組織與管理

部務，以及維持內部的士氣。僅有六位部長認爲他們是政策的創始者（initiators of policies），爲各該部擬定政策方案。

（三）限制

部長行使其權力時通常會受到下列二方面的限制：

◆法律方面

部長不論是否入閣均是政務官。按照憲政慣例必須由議員擔任，以維持部長對國會的責任。除大法官和掌璽大臣是上議院議員外，其餘幾乎都是下議院議員。但一九七五年的喪失下議院議員資格法規定，下議院中具有政府職務的議員不得超過九十五名，超過此一數目的議員就不能出席議會和參加投票。另外，一九五二年英國政府在一個條例中規定，部長不能從事私人的金融和工商業務，不能兼任私人企業中的管理職位。部長在和政府有契約關係的企業中不能擁有妨害公共利益的股份，部長的股份是否達到妨害公共利益的程度由首相決定（王名揚，1989：29-30）。

◆實務方面

部長係在下列因素限制之下行使其權力：

1.必須依賴文官提供意見：由於部長必須面對國會、選區與不同的公共責任，因此他們對於部務所付出的時間是有限的。復以他們無法擁有較多獲得資訊的管道，故必須借重各該部的文官提供建議。近來部長雖已任命政治顧問來補

其不足，惟人數仍然有限，又因政治顧問並無自己的班底，故所發揮的功能畢竟有限。

2.常在有限的資源之下做決定：部長必須經常與財政部力爭預算，否則會有「巧婦難爲無米炊」之憾，如碰到政府預算緊縮之際，則更難符合各部原來的需求。

3.部長的流動率過高：部長的任期平均爲二年，因此任內所推行的政策，其效果自然大打折扣。

4.由於部長過於忙碌，因此大部分的決策是授權常任文官決定並以部長的名義對外發布。

二、部

（一）設立與變更

英國行政部門之設置及組織，不像美國那樣完全受制於國會，乃出之於政府的自由裁量，蓋在英國的責任內閣制之下，國會課責政府之道，著重於預算之控制，至於行政機關之應如何組織，儘可能讓內閣去自行計議，以期能貫徹負責之義。正因爲這樣，於是在行政機關的體制上，頗爲紛歧。

先就行政機關的名義而言，各部的名稱和部長的官銜一樣，受歷史傳統的影響很大，因而有不同的稱謂。現時英國對於部的名稱Department、Office、Ministry、Board等詞，主要反映部的設立時期，實際上並無多大的區別。

　　次就行政機關設立的依據來說，亦頗不一致，有些是依據國
會制定的法律或國會的決議而來，但也有許多是依皇室特權、特
許狀、樞密院令而成立的。在責任內閣制的體系下，皇室特權、
特許狀、樞密院令等都是依內閣的獻議為之，亦即依內閣的意思
為之，總括一句，這些都是內閣的行為，都屬行政命令的性質。
從而可知，英國行政機關的設立，有依法律者，有依命令者。內
閣有以命令設置行政機關之權，則足見內閣對於行政機關有很大
的強制權力。

　　目前英國如要設立一個原來不存在的部，就必須以法律規
定。因為新部的成立會加重人民的負擔，或妨礙人民的自由。但
是，已經存在的部的合併、廢除或變動則不需要立法手續。一九
七五年的英王大臣法規定，政府可用樞密院令把一部的職務移轉
到另外一部，或者取消不再需要的部。前者的命令要報國會備
查，如果國會通過決議反對則不能生效；後一命令需要國會批
准。政府亦可用樞密院令將某些職權劃分由兩個或兩個以上的部
同時行使。近年來英國政府在通過樞密院令合併或拆散原有的部
改組成立新部時，往往同時規定新部具有法律人格，即部可用自
己的名義擁有財產，進行訴訟。

　　部的設立與變更常都是在國會議員大選之後。根據統計在一
九六〇與一九七九年之間，有二十八個新的部設立，三十一個部
被裁撤，上述的改變均發生在大選年。一九六〇年至一九八一年
期間的五個大選年有61%的部是新設立的，同時亦裁撤了56%的
部（Pollitt, 1982）。然解釋部不斷的設立、裁撤、合併與移轉之

原因，不是一件容易之事。某些人認爲首相爲了安插同一政黨的高級幹部，因此內閣改組並調整各部的組織以符合其需要。惟許多研究則一致認爲各部改組的原因爲（Smith, 1988:69）：(1)從事新的政策與計畫；(2)首相更易於有效運用部長的才能；(3)營造出改革的形象；(4)改進行政效率；(5)適應政治環境的變遷；(6)政府職能的增加。

（二）規模大小

部的數目沒有法律的限制。隨著政府職能的擴大，部的數目也隨之增加。現在很多部都是由原來的內務部發展而來。英國部的數目於一八四九年爲十二個，一九一四年爲十八個，一九三五年爲二十三個，一九五一年爲三十個，一九六四年爲二十七個，一九七三年爲十八個，一九七四年爲二十一個，一九八二年爲二十二個，一九八三年爲二十二個，一九八七年爲二十個，一九八九年爲二十二個（Norton, 1991:213; Rose, 1984:157）。部的數目多寡不僅取決於政府職權的多少，也取決於實施這些職權時的組織方式。英國政府在第二次世界大戰之後，有些政府職務的管理不再採用傳統方式，而採用準自主非政府組織（quasi-autonomous nongovernmental organizations，簡稱Quangos）的形式。因此，儘管政府的職務增加，部的數目並無太大的變動。然部的數目沒有太大變動的另一原因就是，英國政府傾向於重組政府機關的職能與改變部的名稱，使得政府各部的總數並未增減。自從一九○○年以來英國政府已有一百十一個不同的部，大體而

言，所謂新設立的部大都是將部重組或重新改變部的名稱，而不是以創新（innovation）的型態或改變計畫的內容出現（Rose, 1984:168-169）。

部的規模大小須依照組織理論中職能劃分的原則。一九六○年代之前，英國部的體制採取垂直分化的原則，每一個部負責管理一個特定部門的活動，例如工業部、海軍部、陸軍部等。六○年代中期之後，注意到組織結構水平分化的重要，把一些相關業務合併到一個部，因而出現設立大部的趨勢。例如一九六四年將陸、海、空三個軍部合併成「國防部」，一九六八年將外交部和國協部合併成「外交及國協部」，一九七○年將貿易技術和能源等部合併成「貿易和工業部」；原來的住宅和地方政府部、交通部、公共建築和工程部取消，成立一個「環境部」（Norton, 1991:213）。部的好處在於不需要擴大內閣的規模而使更多的部能參加內閣。同時，許多相關的業務可以在一個部內協調，免除部際之間冗長的協商。大部除了可以節省經費與人力之外，尚可擬定自己的策略，決定優先順序，使部長在權力擴大之後責任更加明確。惟大部仍有其缺點：大部的管理與領導有其困難，必須成立一個由部長和數目較多的國務大臣及政務次長組成領導集團來督導。實際上有些大部並未達到真正的統一，原來所期望的責任明確的目標未能實現。因此，分分合合的情形屢見不鮮，例如一九七四年廢除「貿易和工業部」之後，成立了四個新部：能源部、工業部、貿易部、物價和消費者保護部，但一九七九年時，物價與消費者保護部又重新合併到貿易部，一九八三年貿易部和

工業部又合併成為「貿易和工業部」。另外「衛生與社會安全部」
亦於一九八八年分成兩個部：「衛生部」與「社會安全部」。

（三）政治地位

　　部的政治地位各有所不同，完全視其是否為人所知、在內閣
的重要程度，以及成為內閣中重要部的踏腳石（stepping stones）
而定（Rose, 1989:82）。政治地位的重要特性就是它不是以每一
部所擁有的預算或人員而定，例如花費最多的部如教育或衛生及
社會安全部，其政治地位就是低於花費較少的外交或財政部。有
關各部的政治地位，詳見**表1-5**。

（四）內部結構

　　由於各部的規模大小與工作性質不同，部的組織結構差別也
很大。但各部之間仍有一些共同的組織模式。從圖1-2中可以看
出部的工作人員分為兩種類型，一為政務官，隨內閣的變更而進
退，一為事務官，任期不受政府變更影響，前者是部的決策和領
導者，後者負責執行政策並對政策的決定提供建議。

　　各部的內部結構可以**圖1-3**簡略示之。部長是政務官，是部
的最高領導者。此外，每個部中有一名或一名以上的國務大臣，
負責部中某一方面的領導職務。有一名或一名以上的政務次長，
維持本部和國會的聯繫，也常負責領導由部長指派的某方面的部
務。國務大臣與政務次長均為政務官，亦同時負擔政治責任和行
政責任。常任文官擔任部長的秘書工作和部的業務工作。部長私

表1-5　英國各部的政治地位

類別	爲人盡知的百分比（以出現在倫敦泰晤士報頭版的日數）	爲內閣中重要職位的踏腳石之百分比	主持內閣委員會之百分比
高的政治地位：			
首相	75		37
財政部	49	12	22
外交及國協部	36	15	4
貿易和工業部	25	15	4
內政部	12	29	4
掌璽大臣	8	8	4
中的政治地位：			
衛生與社會安全部	14	4	0
就業部	16	4	0
能源部	15	3	0
樞密院長	3	4	26
環境部	24	2	0
國防部	22	7	0
交通部	12	2	0
北愛爾蘭部	13	2	0
蘇格蘭部	3	1	0
低的政治地位：			
教育部	3	4	0
農業部	6	1	0
大法官部	8	2	0
威爾斯部	1	0	0

資料來源：Rose, 1987:Table 4.2 and Table 4.3。

人辦公室（Private Office）的秘書負責處理部長的信函以及部長和本部工作人員的交往。業務工作人員以常務次長（Permanent Secretary）爲首，人數眾多，是部的主要力量。常務次長有四種功能：(1)他是部長的政策顧問；(2)部內日常事務的指揮管理者；(3)對部內的組織與用人負最後責任；(4)對部的經費支出效

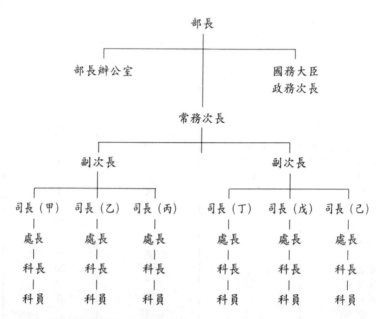

圖1-3 各部的內部結構簡要圖

率與合法性負責。常務次長之下有一名或一名以上的副次長
（Deputy Secretary）或第二常務次長（Second Permanent
Secretary），協助常務次長督導若干司（branches，有時亦稱爲
divisions或departments）的業務。依部的業務職能性質分爲若干
司，各司的司長稱爲Under Secretary，負責各司的政策事宜。司
以下分爲處（divisions），其主管稱爲Assistant Secretary，負責提
供政策建議與處理有關政策細節事宜。處以下設科（sections），
科長稱爲Principal，負責本科的業務（Drewry and Butcher,
1988:137-141）。

英國除正常意義的部之外，還有一種所謂非部長的部（non-ministerial department），是指一個執行機關（executive agency）名義上隸屬於部長，但享有獨立的權力，由一個非政治性的行政首長（chief executive）領導，部長就其活動負政治責任。一九八八年二月柴契爾夫人宣布實施「創新發展方案」時，即賦予這些執行機關有較大的人事、財政自主權，以完成其所擬定的政策目標與改善服務品質。據統計指出，截至一九九二年七月為止，已有國家印刷局（HMSO）、公司署（Companies House）、文官學院（Civil Service College）、土地登記局（Land Registry）等七十五個機關具有執行機關的地位（Norton, 1991:216; HMSO, 1992:49-50）。

此外，值得注意的是二十世紀以來，法令經常頒定成立一些諮詢機構，以對部長提供意見與建議，它是經常性的組織，和臨時性的調查委員會不一樣，它們所提的意見只是提供部長參考而已。成立諮詢機構的原因，不外是借重專家的知識，加強與行政機關間的聯繫與協調合作。

(五) 各部的職掌

英國中央政府的行政部門，如上所述不但為狀極為複雜，而且政治地位亦有區別。論者一般是將行政部門分為「內閣的部」（cabinet departments）及「非內閣的部」（noncabinet departments）。所謂「內閣的部」，即該行政部門的首長是身為閣員者，反之，則為「非內閣的部」。由於英國中央政府的行政部

門非常複雜且部門又爲數甚多，茲擇其要者並將其職掌略述如次
（HMSO, 1992:88-100; Norton, 1991:214-215）：

◆經濟事務方面

　1.內閣部：

　　(1)農漁糧食部（Ministry of Agriculture, Fisheries and
　　　Food）：主管農業、園藝、水產、畜牧及食品等有關
　　　之工作，截至一九九二年四月一日爲止，用九、七八
　　　二人（按：以下所述各部用人的人數以一九九二年四
　　　月一日爲基準，合先敘明)。

　　(2)就業部（Department of Employment）：主管人力政策
　　　與失業保險等兩大業務，用五二、三八三人。

　　(3)貿易和工業部（Department of Trade and Industry）：主
　　　管全國及各地區之工業政策、太空發展、國際貿易、
　　　資訊技術發展等工作，並負責能源部以前的業務
　　　（按：能源部於一九九二年四月一日被裁撤），即能源
　　　政策與能源開發等工作，用一一三八九人。

　　(4)交通部（Department of Transport）：主管有關交通政
　　　策，鐵路、港灣、貨運、道路安全、內河水道之管
　　　理，用一四、九六〇人。

　　(5)財政部（HM Treasury）：主管經濟策略、公共支出、
　　　財政政策、外匯準備以及國際貨幣政策等工作，用
　　　二、八四六人。該部高官階者則較他部爲多。財政部

係屬「部中之部」（department of departments）。

2.非內閣部：

(1)關稅及貨物稅部（HM Customs and Excise）：主管徵收關稅及貨物稅，包括附加價值稅等工作，用二六、三九八人。

(2)出口信用保證部（Export Credits Guarantee Department）：提供出口者之信用保證等事宜，用七〇二人。

(3)國內直接稅部（Board of Inland Revenue）：負責直接稅的徵收與管理，用六八、九〇〇人。

(4)公庫部（Paymaster General's Office）：掌理國家各部門經費之收支，以及公共服務年金之支付等事宜，用八四八人。

3.管制性的部：

(1)電力管制部（Office of Electricity Regulation）：用二〇九人。

(2)瓦斯供應部（Office of Gas Supply）：用三十人。

(3)電信事業部（Office of Telecommunications）：用一四七人。

(4)給水服務部（Office of Water Services）：監督有關用水與污水處理的工作，管制其價格與維護消費者利益，用一二六人。

◆社會事務、環境與文化方面

1.內閣部：

(1)教育及科學部（Department for Education and Science）：掌理教育政策與促進科學的發展事宜，用二、六八九人。

(2)環境部（Department of Environment）：掌理一切自然環境有關之事項，包括房屋、建設、工地利用、區域計畫、新市政建設、鄉村景觀維護、地方政府之組織權及財務支援等事宜，用八、一七二人。

(3)衛生部（Department of Health）：掌理整個英國之國民保健服務，以及公共衛生等事宜，包括英格蘭之食品安全與保健，用四、七七二人。

(4)內政部（Home office）：內政部職責廣泛，幾乎凡未經立法或慣例授權他部者，皆爲內政部之職責，現職掌主要爲法律秩序與良俗之維持、警察、外人歸化、消防工作、爆炸物及危險藥物之管理、國會及地方政府之選舉、罪犯管理（監獄）、貴族及榮典之頒授等事宜，用四九、七三九人。

(5)國家傳承部（Department of National Heritage）：掌理藝術、公共圖書館、地方博物館與美術館、觀光事業、傳承包括英格蘭的古蹟及皇家公園與宮殿、廣播、電影工業、古物出口許可等事宜。

(6)社會安全部（Department of Social Security）：掌理全國之社會福利服務，用七八、二七七人。

2.非內閣部與執行機關：

(1)中央資訊部（Central Office of Information）：掌理政府各部門的公關性的資料與其他資訊，用六三七人。

(2)國家印刷局（Her Majesty's Stationery Office）：掌理有關國會、政府各部與公共機構的印刷事宜，並對其提供文具、辦公室機器與設備，出版及銷售政府出版品，用三、二二〇人。

◆外交事務與國防方面

1.內閣部：

(1)國防部（Ministry of Defence）：掌理國防政策及三軍的管理與控制等事宜，用一三九、四五四人。

(2)外交及國協部（Foreign and Commonwealth Office）：掌理國際關係，保障海外的英國利益，並對海外屬地之行政管理負有責任，用八、二六九人。

2.非內閣部：海外發展部（Overseas Development Administration）：負責英國對開發中國家之海外援助、全球環境協助，並與外交及國協部一同協助東歐及以前蘇聯各國，用一、七〇六人。

◆法律事務方面

1.內閣部：大法官部（Lord Chancellor's Department）：協助大官處理法院與法律等事宜，用一一、五九八人。於大法官部監督之下，有主管土地權利登記之「土地登記局」（HM Land Registry），管理死亡者不動產或執行遺囑或清償案件之「公共信託局」（Public Trust Office）與保管國家檔案之「國家檔案局」（Public Record Office）等機關。

2.非內閣部：

(1)檢察署（Crown Prosecution Service）：為一獨立的組織，負責由警察所調查之刑事案件的起訴，以檢察官（Director of Public Prosecutions）為該署的首長。檢察長（Attorney General）監督該署的業務，並向國會負責，用五、六九八人。

(2)檢察長的法律秘書處（Legal Secretariat to the Law Officers）：檢察長為首席執法官員，副檢察長（Solicitor General）協助之，掌理刑事案件之起訴，代表國家出席，同將亦為英格蘭及威爾斯二地政府之法律顧問，因實際工作皆由檢察署執行，故法律秘書處本身用人甚少，僅用二十四人。

(3)蘇格蘭法務部（Scottish Lord Advocate's Department）：為蘇格蘭政府提供法律服務，負責法律政策及管理工作，用二十人。

◆地域及其他方面

內閣部有下列：

1. 北愛爾蘭部（Northern Ireland Office）：負責有關北愛爾蘭之事務，即代表英國政府在北愛爾蘭行使行政權力，主管農業、商業、教育、財政、環境、社區關係、衛生與社會服務、住宅與人力等事宜，用二〇六人。
2. 蘇格蘭部（Scottish Office）：負責蘇格蘭之農業、教育、經濟計畫、房屋、衛生及開發工作，用六、一七二人。
3. 威爾斯部（Welsh Office）：負責威爾斯之農業、中小學教育、城鄉計畫、給水、道路、觀光、新市鎮、森林及都市補助金等事宜，用二、四一一人。
4. 蘭卡斯特公爵郡大臣部（Department of Chancellor of the Duchy of Lancaster）：職司管理蘭卡斯特公爵郡公園之皇家不動產，主要由無任所大臣來擔任。

第七節　結語

英國憲政制度的建立，是經過幾百年逐漸發展而形成，在穩定中求變遷，這也是民主法治容忍妥協精神的表徵。同樣地，在英國政治體系中扮演重要角色的中央政府行政機關，其組織及其權力的行使，除了受到憲政精神的影響之外，亦受政治環境、歷

史傳統與政治文化等因素之影響,而形成獨特的政治與行政制度。的確,它是有許多令人讚賞的地方,如對於憲政精神的尊重、部的設立與變更非常靈活,在在都值得我們研究參考。然由於個人的能力有限,本文所作提綱性的說明,難免有掛一漏萬之處,期盼專家學者有以教之而有所匡正,個人自當繼續努力,以爲我國的行政革新略盡棉薄之力。

參考書目

王名揚(1989),《英國行政法》,北京:中央政法大學。

陳世第譯(民60),布勒德著,《英國憲政史譚》,台北:台灣商務印書館。

陳坤森譯(民82),Arend Lijphart著,《當代民主類型與政治》,台北:桂冠圖書公司。

黃臺生(民76),〈英國文官及其行政〉,《人事月刊》,第5卷第5期,第21頁至29頁;第5卷第6期,第31頁至38頁。

楊百島(民73),〈英國文官制度〉,《人事行政》,第74期,第78頁至93頁。

雷飛龍(民66a),〈英國文官制度〉,雷飛龍著,《英國政治制度論集》,台北:台灣商務印書館,第144頁至194頁。

雷飛龍(民66b),〈英國近年來之憲政演變〉,雷飛龍著,《英國政治制度論集》,台北:台灣商務印書館,第22頁至34

頁。

雷飛龍（民77），〈英國中央行政部門的組織與職掌〉，行政院組織法研究修正專案小組編印，《行政院組織法研究修正專案小組總報告》。

鄒文海（民63），《比較憲法》，台北：三民書局。

鄒忠科、黃松榮譯（民74），George Brunner著，《民主國家之政府》，台北：國民大會憲政研討委員會。

羅志淵（民70），《現代各國政府》，台北：正中書局。

羅孟浩（民57），《英國政府及政治》，台北：正中書局。

Coxall, B. and Robins, L. (1992). *Contemporary British Politics: A Introduction.* London: Macmillan Press.

Drewry, G. and Butcher, T. (1988). *The Civil Service Today.* Oxford: Basil Blackwell.

Harvey, J. and Bather, L. (1982). *The British Constitution and Politics*, 5th ed. London: Macmillan Education Limited.

Heady, B. (1974). *British Cabinet Ministers: The Roles of Politicians in Executive Office.* London: George Allen and Unwin.

HMSO (1992). *The British System of Government.* London: HMSO.

HM Treasury (1992). *Civil Service Statistics*, 1992 ed. London: HMSO.

Jones, B. and Kavanagh, D. (1987). *British Politics Today*, 3rd ed. Manchester University Press.

Kavanagh, D. (1985). *British Politics: Continuities and Changes.*

Oxford University Press.

Kogan, M. (1971). *The Politics of Education*. London: Penguin.

Norton, P. (1988). "Prime Ministerial Power," *Social Studies Review*, Vol.3, No.3, pp.110-113.

Norton, P. (1991). *The British Polity*, 2nd ed. London: Longman.

Pollitt, C. (1982). "The CSD: A Normal Death?" *Public Administration*, Vol.62, No.1.

Richards, P. G. (1988). *Mackintosh's the Government and Politics of Britain*, 7th ed. London: Hutchinson.

Rose, R. (1984). *Understanding Big Government: The Programme Approach*. London: Sage Publications.

Rose, R. (1987). *Ministers and Ministries: A Functional Analysis*. Oxford: Clarendon Press.

Rose, R. (1989). *Politics in England: Change and Persistence*, 5th ed. London: Macmillan Press.

Smith, G. (1989). *Politics in Western Europe: A Comparative Analysis*, 5th ed. Gower Publishing Company Limited.

Smith, B. (1988). "The United Kingdom," in D. C. Rowat (ed.), *Public Administration in Developed Democracies: A Comparative Study*. New York: Marcel Dekker.

第二章

英國中央人事主管機關組織與職掌的演進

第一節　前言

　　英國文官制度之所以能享譽全球，並非一朝一夕所形成，事
實上係經過長時間之不斷改革演變而來。早年英國與其他歐洲君
主國家一樣，隨著工業革命的成功以及代議政治制度的形成，先
後建立了新型的官吏制度。當時官吏的任命全係來自於國王及各
部首長之贍恩循私（patronage），任命官吏者同時也是管理官吏
者，尚未出現健全與獨立的人事管理機關。

　　嗣後，隨著工商業發展需要，人民對政府職能要求日漸增
加，乃漸建立現代化文官體制。由於政府管理的事務日益複雜，
以及文官的大量增加，導致人事管理工作也日漸複雜，因此有必
要設立專業化的文官管理機關，以因應當時環境的需要。

　　十九世紀中葉，英國對文官制度進行了改革。公開競爭考試
與擇優錄用是這次改革的重點。為了對專業化的考試業務實施管
理，保證文官考試和任用的公正性與權威性，英國於一八五五年
成立了文官委員會，這便是從現代意義上說的第一個獨立的與專
業化的文官管理機關。此後，由於人事行政業務功能分化的結
果，各相關人事管理機關乃應運而生，這些相關的人事管理機關
分掌不同的職能，彼此分工合作，建構成一個健全的文官管理組
織網路。

　　嗣於一九六八年十一月一日，依據傅爾頓委員會（Fulton

Commission）的建議而作重大改革，將原財政部所屬政府編制暨組織署（Establishment and Machinery of Government Group）及文官委員會（Civil Service Commission）合併為文官部（Civil Service Department），直接隸屬首相管轄；次於一九八一年十一月十二日改組為管理及人事局（Management and Personnel Office）；復於一九八七年八月將管理及人事局改組為文官大臣事務局，簡稱文官局（Office of the Minister for the Civil Service），再於一九九二年五月二十九日復將文官局改組為公職及科學局（Office of Public Service and Science）；另於一九九五年七月五日改組為公職局（Office of Public Service，簡稱OPS）。其餘與人事制度有關之機關，尚有財政部、惠德利會議（Whitley Council）、全國文官聯盟（Council of Civil Service Unions）、文官仲裁法院（Civil Service Arbitration Court）。至於各部則多設有人事機構，依照中央人事主管機關所定政策及法規，辦理所在部及其所屬的人事行政工作。

　　英國中央主要人事主管機關組織與職掌的演進，可分為六個階段，茲將各階段人事主管機關以及與人事制度有關機關的組織與職掌，分別概述如下列各節。

第二節　第一階段（1855-1968）的組織與職掌

　　英國政府為了改革吏治，早在一八四八年時，成立了以諾斯

考特（Sir Stafford Northcote）與崔維萊恩（Sir Charles Trevelyan）二人為首的委員會，調查和研究當時文官的錄用情形，一八五三年十月他們兩人提出知名的「常任文官組織報告」（一般稱為「諾斯考特與崔維萊恩報告」），該報告並於一八五四年二月正式出版。一八五五年英國政府採行上述報告的建議，設立「文官委員會」之後，英國現代文官制度才算初步建立（Drewry and Butcher, 1988:43）。

在一八五五年至一九六八年文官部成立之前，英國財政部實際負責人事行政事宜，而文官委員會則僅負責文官考選工作。此一階段各相關人事主管機關的組織與職掌如下：

一、文官委員會

英國文官委員會在一八五五年以樞密院令（Order in Council）設置，原為委員三人後增為六人，均為英王任命，處於超然地位，不受政黨影響，辦理各機關公務人員之考選工作。六位委員分別負責該委員會之職掌，一人為主任委員、一人為秘書長、一人為編制官，主持委員會之行政事宜。其餘三人分任典試長：主管普通公務人員之考選事宜；科學與工程顧問：主管專門技術人員之考選事宜；考選委員會主任委員：主管鄉墅測驗事宜。該委員會的其他職掌分別為：制定公務人員考選法規、辦理各種考試事宜及公務人員體格檢查、發給考試及格證書、編訂考試及格與晉升人員名單刊登《倫敦公報》。

二、財政部

英國實際負責人事行政事宜之機關為財政委員會，亦稱財政部，由委員七人組成，首相兼財政大臣為主任委員，其餘成員由有關人員組成。該委員會特設政府編制暨組織署，下再設十個組，分別掌理：分類、任用、薪給、考核、升遷、訓練進修、退休、養老、組織編制及專門技術人員之管理事項。

三、惠德利會議

英國於一九一九年七月成立惠德利會議，其種類區分為：一個全國惠德利會議、七十餘個各部惠德利會議及各區委員會。全國惠德利會議係由委員五十四人組成，政府代表二十七人、公務員團體代表二十七人共同組織之。會議主席，正主席由官方代表擔任，副主席由員方代表擔任，各方指派二名代表任秘書。其職掌範圍包括一切影響公務員服務狀況之各問題，惟僅為討論、研究及諮詢性之組織，並非權力機構。其具體職掌，如對人員選用、工作時間、職位保障、薪給協商、紀律獎懲、退休金籌劃等，政府與公務員之間發生爭議時，由該會議協商解決。各部惠德利會議之組成，係由全國惠德利會議先請各部召開一個聯席會，草擬組織法，並將組織法送全國惠德利會議核可，組織各部惠德利會議。其由官員雙方分別推定主席、副主席各一人。各部

惠德利會議有相同之職掌，且其討論之問題，僅及於該部。

四、文官仲裁法院

英國文官仲裁法院係於一九二五年成立，原屬勞資仲裁法院之特別法庭，至一九三六年十一月脫離改稱文官仲裁法院。由委員三人組成，其中一人為仲裁法院之院長或庭長，一人為財政部之代表，一人為全國惠德利會議之代表。凡政府與公務員之間因薪給、津貼、差費、報酬、給假及工作時間等問題所發生之爭訟，經提全國惠德利會議協調，仍無法解決，得由政府或公務員團體提請文官仲裁法院審理。但養老年金、法定地位及編制案件，均不得提出辦理。

五、欽命吏治委員會

係一種臨時性之組織，委員人選由首相薦請英王任命，就全國人事專家中委派。該會並無具體及積極性之職責，其任務均視當時人事行政上之缺失及需要決定之。故歷次之任務不同。於一九六八年十一月文官部成立後，已無此一組織。

第三節　第二階段（1968-1981）的組織與職掌

一九六八年十一月一日，執政的工黨政府（由威爾森
[Harold Wilson]擔任首相）依據一九六八年傅爾頓委員會所提報
告（HMSO, 1968:104-106）之建議（按：該報告批評文官委員會
的獨立自主性未能與其他人事職權密切配合，為使人事行政措施
相互連貫，建議將該委員會併入新設文官部管轄），成立文官
部，接辦以前財政部所負責辦理的人事及組織方面的職掌，並致
力於文官的生涯發展、訓練與管理職能，另企圖加強中央部會人
事部門的管理權（Garrett, 1980:17-18）；同時將「文官委員會」
合併於文官部，關於文官的選拔工作仍由文官委員會負責，委員
會仍維持其獨立性。此一階段各相關人事主管機關的組織與職掌
如下：

一、文官部

文官部隸屬於內閣管轄，地位與各部會級行政機關平行。由
首相兼任文官部長，日常事務由掌璽大臣負責，並由文官部常務
次長出任文官長。文官部設有十三個單位，分別由四位副次長領
導。其組織及職掌如下：

1. 秘書處（Central Group）：負責文官部之人事、財務、組織、設計、公共關係及人事年鑑等業務。

2. 文官委員會（Civil Service Commission）：亦稱人事委員會，由首席委員、副首席委員及委員三人組成。負責甄選的設計、政策之研究、科學及技術研擬，以及一般文官之考選工作。

3. 管理司（Management Service）：負責各行政機關組織與方法之改進、作業之研究，及其他有關研究發展事項。

4. 人力司（Man Power Service）：負責各部編制員額及職位等級之控制，並協調有關人力政策、人事檢查與技術等工作。

5. 俸給司（Pay Service）：負責決定文官的俸給政策、俸給標準、俸給調整，以及民間待遇之調查與分析事項，建議調整俸給。

6. 職級審核司（Structure Review）：根據傅爾頓委員會報告建議，檢討文官的職級結構改進工作。

7. 電腦作業司（Computer Service）：負責行政部門電腦作業系統設計、研究，及顧問指導工作。並運用電腦實施中央控制、人事資料統計等事項。

8. 政府組織司（Government Machinery Service）：負責政府各部門間權責的劃分、組織的釐訂，以及議會與行政部門之間的關係，暨一般人事問題等事項。

9. 人事管理司（Personnel Management Service）：負責決定

高級文官任命、永業人員計畫方案、年度報告、人事升
遷、紀律維持及其他改進等事項。

10.福利司（Superannuation Service）：負責國內文官及外交
人員的津貼、工作時間、休假、退休、康樂及其他有關
福利設計等事項。

11.統計處（Statistics）：負責中央文官人事紀錄及各部文官
統計數字之提供。

12.醫藥顧問司（Medical Advisory Service）：負責提供各部
文官健康之顧問及服務事項。

13.文官學院（Civil Service College）：又稱公務員學院，於
一九七〇年成立，負責政府機關文官訓練等事項。

二、各部人事機構

各部均設有人事處或人事單位，依人事主管機關之政策及規
定，辦理各部及所屬機關之人事管理工作。其人事主管均由各部
首長自行任命。文官部經常召開人事會報，以資協調、聯繫及商
討有關各部之間的人事問題。

三、與人事制度有關的機關

1.惠德利會議：職掌與以往大致相同，不再敘述。組織方面
則與以前略有不同，即全國惠德利會議，雙方委員人數各

爲二十二人，官方委員代表，分別就主要部之常務次長及
文官部高級職員中任命之，無任期限制；職員委員代表，
由職員團體中選舉之，任期一年。各部惠德利會議，代表
官方委員由部長就該部人事部門及其他高、中級職員中任
命之；代表職員委員則由職員團體中選舉之。雙方人數未
必相同，任期與全國惠德利會議相同。惟一九八○年五月
全國惠德利會議改組爲全國文官聯盟，以加強並健全文官
協議之體制，組織及職權未做重大變更。

2.文官仲裁法院：其組織與職掌和前述相同，不再敘述。

第四節　第三階段（1981-1987）的組織與職掌

一九七九年保守黨贏得大選，由柴契爾夫人（Margaret
Thatcher）擔任首相，在她執政生涯的十一年多期間（1979.5.4-
1990.11.27），曾致力於文官改革，使得傳統英國文官制度面臨新
的轉變（Thatcher, 1993）。

由於柴契爾夫人本身並不熟悉英國文官的文化，來自中產階
級企業背景的她，對於商業與競爭性的資本主義向極重視，並對
具有創見、果斷、自信的文官特別欣賞，對於英國文官引以爲傲
的小心謹慎、處事圓融、通才取向（即欠缺現代行政體系所應具
備的管理與專業知識）等傳統特質非常地蔑視。在她的潛意識
中，常將高級文官視爲新政府的敵人，兩者的關係並不融洽

（Caiden, 1991:199-200）。另外，她爲實現其競選諾言之一，即減少政府支出與裁減文官人數，而文官部卻是維護文官權益不遺餘力，兩者的目標經常有所衝突。復以一九八一年三月九日至七月三十日發生長達二十一週全天候的文官罷工，柴契爾夫人認爲文官部處理工會的問題不力（Wilson, 1991:331-332），因而種下裁撤文官部的原因。

　　柴契爾夫人於一九八一年十一月十二日宣布裁撤文官部，將有關待遇、服務條件、人力與員額編制，以及電腦與照顧服務等方面業務移給財政部掌理，加強了財政部的權力。有關文官的效率、甄補、選拔等功能之業務則成立一個新的單位即管理及人事局來掌理，隸屬於內閣辦公處（Cabinet Office）（Greenaway et al., 1992:156）。此一階段各相關人事主管機關的組織與職掌如下：

一、管理及人事局

　　該局隸屬於內閣辦公處管轄，首相兼財政部第一大臣及文官首長、掌璽大臣兼局業務、內閣秘書長兼局常務次長及文官長。在局下轄有秘書處、管理及效率處、政府組織文官行爲退休撫卹及安全處、人事管理甄補訓練及醫務處、國會事務顧問處。其職掌如下：

　　1.秘書處：轄屬六個科室，主管管理計畫、人事服務、資

料、財務、組織及機關管理等事項。

2.管理及效率處：轄屬四個科，主管各部效率之查核、檢討、措施與功能檢討、管理制度之發展、會計審計等事項。

3.政府組織、文官行為、退休撫卹及安全處：轄屬兩個科，主管上開事項。

4.人事管理甄補訓練及醫務處：該處所屬十一個單位，轄有一、二、三、四科、進用科、文官考選委員會、甄選、決選委員會與文官訓練學院、醫務顧問室等單位，分別主管上開業務。

5.國會事務顧問處：負責國會職員之人事事項之協調或辦理。

二、財政部

此一階段的財政部與人事業務有關之單位有二：

1.度支司（Department Treasury）：主管文官及軍人待遇，以及退休計畫、退撫金給予與組織編制等事項。

2.公共服務司（Public Service Sector）：主管公務人力、工作評價、工作分配、人力檢查及人力評鑑等事項。

三、各部人事機構

各部人事處或人事單位,並不隸屬管理及人事局或財政部,亦不受其指揮監督;且其主管由各部會首長自行任命。因其人事行政措施,在中央採一致作法,財政部或管理及人事局所擬法案,經立法即頒行各機關實施,或依委任立法以樞密院令通行各機關,或以部(局)函協商各有關機關行之。是以,各部會人事機構仍需依規定辦理,或接受其指導。

四、與人事制度有關的機關

惠德利會議與文官仲裁法院,其組織與職掌和前述第二階段相同,不再重述。

第五節　第四階段(1987-1992)的組織與職掌

柴契爾夫人為賡續貫徹其所宣示「精簡政府組織與員額」以及「提高行政效率與效能」之政策,於一九八七年八月將管理及人事局裁撤,有關文官的待遇與工作條件等大部分的業務再一次併入財政部,另外成立文官大臣事務局(或稱文官大臣辦公室),仍隸屬內閣辦公處,掌理人事管理方面之遴選、高級文

官、人事措施、行政效率工作，以及文官訓練等業務
（Greenaway et al., 1992:158-159; Drewry and Butcher, 1988:92-
95）。此一階段各相關人事主管機關的組織與職掌如下：

一、文官大臣事務局

文官大臣事務局（簡稱文官局），隸屬於內閣辦公處，下設
有職業保健處、資訊管理處、安全處、政府組織處、高級文官與
歐洲處、人事管理與發展處、地區辦事處、編制處、文官學院、
高層管理計畫處、文官考選委員會、文官委員會。內閣秘書長爲
文官長，秉持首相指示兼理文官局事務。文官局職掌爲人事管理
方面之組織、體制、人事措施及行政效率工作，並繼續推動組織
與效能的發展方案，以促進行政效能、管理發展與員額精簡。

二、財政部

首相兼財政部第一大臣，財政部則以度支大臣爲首長，其下
設七位次長及多位助理次長，其中一位常務次長主管文官事務。
此一階段的財政部與人事業務有關之單位有二：一爲中央人力總
局（Central Divisions），下設編制與組織、經濟簡報、資訊等
局，二爲俸給局（Pay Group），下設俸給與工業關係、員額政策
等單位。其主要職能是文官大臣事務局職掌以外之組織員額編
制、人事經費、俸給待遇福利、工作評價等人事業務。

三、各部人事機構

　　各部人事處或人事單位，並不隸屬文官大臣事務局或財政部人事單位，亦不受其指揮監督，但在實施人事政策法令與慣例方面，是相互一致的；且其主管由各部會首長自行任命。因其人事行政措施，在中央採一致作法，財政部或文官大臣事務局所擬法案，經立法即頒行各機關實施，或依委任立法以樞密院令通行各機關，或以部（局）函協商各有關機關行之。是以，各部會人事機構仍需依規定辦理，或接受其指導。

四、與人事制度有關的機關

　　惠德利會議與文官仲裁法院，其組織與職掌和前述第二階段相同，不再重述。

第六節　第五階段（1992-1995）的組織與職掌

　　保守黨的梅傑（John Major）是繼柴契爾夫人之後，於一九九〇年十一月二十八日擔任首相，他上任以來為了將改革的行動機構統一管理，並全力賡續推動保守黨的政策，即續階計畫（Next Steps Programme）、公民憲章（Citizen's Charter）、市場測

試（Marketing Testing）（按：市場測試即所謂的服務品質競爭方案），乃於一九九二年五月二十九日裁撤文官大臣事務局，成立公職及科學局（Cabinet Office, 1996:33），除直接承受原文官大臣事務局之職權外，更負責上述各項行政革新方案的推動與執行，而財政部所擁有人事方面的職權並未作變更。此一階段各相關人事主管機關的組織與職掌如下：

一、公職及科學局

英國於一九九二年五月二十九日將文官大臣事務局改組爲公職及科學局，仍隸屬內閣辦公處，由內閣秘書長任文官長督導業務。該局設有公民憲章處（Citizen's Charter Unit），員額編制處（Establishment Officers Group），科技處（Office of Science and Technology），高級文官及公職任用處（Senior and Public Appointment Management），管理發展處（Management Development Group），高層管理計畫處（Top Management Programme），安全、行爲、紀律及政府組織處（Security, Conduct, Discipline, Machinery of Government），文官委員會（Office of Civil Service Commission），資訊管理處（Information Management），效率處（Efficiency Unit）等單位。此外，該局另轄有下列執行機關（executive agencies）：甄選處（Recruitment and Assessment Services）、文官學院（Civil Service College）、職業保健處（Occupational Health Services）與蔡辛頓電腦中心

（Chessington Computer Centre）等。其主要職掌包括：公務員考
試、人力管理、高級文官管理、人事行政（財政部主管部分除
外）、行政效能、服務績效、公務員安全、公務員行為及紀律、
管理發展及人事行政業務資訊化等事項（HMSO, 1995:22, 65）。

二、財政部

此一階段的財政部與人事業務有關之單位有二：

1.文官管理與俸給局（Civil Service Management and Pay）：
主管公務員的分類與任免政策等事項。
2. 編制與組織局（Establishment and Organization）：主管各
機關之員額編制、俸給、福利等事項。

三、各部人事機構

一九九五年之文官樞密院令將原屬財政部所管轄的人事事項
移轉給各部部長。該樞密院令第十條規定：「部長隨時可就下列
事項制定規則及領布命令：職位的數目和等級，所有職員的職位
分類、薪津、津貼、假期、工作時數、部分工時及其他工作之安
排，人員之退休、重新任職、輪調、職務調整，以及所有工作之
條件；文官行為之規範（按：一九九六年之文官樞密院令修正
為：文官行為之規範，包括文官服務規則之制定及修正）；晉用

人員職位之安排；規定晉用人員之資格條件包括年齡、知識、能力、技術和潛能等。」

由上述可知，現行各部部長對人事及財政有很大的自主權，對提高各部的效率與效能，達成機關的政策目標有正面的功能。而各部人事機構的人事主管均由各部首長自行任命，在部長充分授權之下，負起人事服務、協調、支持與諮詢的角色，並依人事主管機關之政策及規定，辦理各部及所屬機關之人事管理工作，惟在執行時較前述各階段享有更大的自主權。

四、與人事制度有關的機關

惠德利會議與文官仲裁法院，其組織與職掌和前述第二階段相同，不再重述。

第七節　第六階段（1995.7-）的組織與職掌

一九九五年七月五日梅傑首相為使「公職及科學局」與「貿易及工業部」（Department of Trade and Industry）的職掌，能做更為合理的分工，而將公職及科學局改組為「公職局」，將原公職及科學局主管之科學及技術事務改由貿易及工業部掌理，而該部所掌管的品質競爭（competitiveness）與解除管制（deregulation）等業務則移由公職局來掌理（Cabinet Office,

1996:33）。此一階段各相關人事主管機關的組織與職掌如下：

一、公職局

英國於一九九五年七月五日將公職及科學局改組爲公職局，仍隸屬內閣辦公處，由內閣秘書長任文官長督導業務。該局內部單位如下（Cabinet Office, 1997:12, 17-19；莊碩漢、黃臺生等，民86：48-51）：

1.品質競爭處（Competitiveness Division）。

2.資訊處（Information Group）。

3.高級文官處（Senior Civil Service Group）。

4.政府組織及標準處（Machinery of Government and Standards Group）。

5.文官任用處（Civil Service Employer Group）。

6.中央資訊技術處（Central Information Technology Unit）。

7.執行機關處（Agencies Group）。

8.解除管制室（Deregulation Unit）。

9.效率與效果處（Efficiency and Effectiveness Group）。

10.公民憲章處（Citizen's Charter Programme）。

11.資訊人員管理室（Information Officer Management Unit）。

12.文官委員會暨公職任用委員會（Offices of the Civil

Service and Public Appointments Commissioners）。

此外，公職局另轄有下列執行機關：

1.中央電腦及電信處（Central Computer and Telecommuni-
cation Agency）。

2.文官學院（Civil Service College）。

3.政府資產顧問處（Property Advisers to the Civil Estate）。

4.安全設施執行處（Security Facilities Executive）。

5.採購處（Buying Agency）。

由上述可知，公職局其主要職掌包括：文官任用、高級文官
考選與管理、政府組織及標準、人事行政（財政部主管部分除
外）、行政效率與效能、服務品質與績效、解除管制、公務員安
全、公務員行為及紀律、管理發展及人事行政業務資訊化等事
項。

二、與人事制度有關的機關

財政部、各部人事機構、惠德利會議與文官仲裁法院，其組
織與職掌和前述第五階段大致相同，不再重述。

第八節　結語

　　組織重組是政府再造（包括行政革新與文官改革）的一環，它是一種為提升組織能力而不斷進行的改革的過程。就英國中央人事主管機關組織重組的經驗而言，它可說是受到內外在社會環境的壓力而引發重組的，亦可說是對正在變遷的政治價值與目標的回應。英國中央政府自一八五五年成立文官委員會以來，到目前的公職局，均是面對快速社會變遷及配合行政革新的推進，而不斷地調整其人事主管機關的組織及規模。

　　從前述演變的過程中，可以發現下列的趨勢與特色，值得提供我國從事此一方面改革的借鏡之處：

　　第一，過去人事主管機關有所謂「部外制」與「部內制」截然分野之觀念，近來此一區別已愈不明顯，其體制與功能已折衷融合愈形相似。在英國，人事行政權是在最高行政權（首相）之統轄下，最高行政首長擁有完全的人事權責。

　　第二，英國財政部與人事主管機關共享人事行政方面的權力，財政部一直享有人事行政方面有關「財政管理」的權力，而人事主管機關則享有人事行政方面「行政管理」的權力。

　　第三，人事行政的重心則隨著社會環境的變遷而有所不同。一九六八年文官部成立之前，人事行政的重心在財政部，文官委員會僅負責文官考選工作。文官部成立之後，則人事行政重心移

至該部，一九八一年則又移至財政部，乃因當時保守黨政府的政策係以財政革新、增進效率爲主，管理及人事局的人事權限受到明顯的抑制。一九八七年八月設置的文官大臣事務局，其權力又被進一步的剝奪。迨至一九九二年五月之後，「服務」、「授能」與「分權」已成爲主流的思潮，政府人事行政的重心則逐漸移至內閣辦公處所轄之「公職及科學局」或「公職局」，財政部則逐漸淡出人事行政管轄權之外。

第四，一九九五年頒布文官樞密院令之後（尤其是在一九九六年四月一日之後），英國政府除了高級文官（Senior Civil Service，簡稱SCS）之考選過程須由文官委員會參與之外，其餘所有文官的考選、任命、升遷、培訓、待遇及福利等，均授權各部負責。各部之間的文官等級、待遇等均不相同，完全授權各部部長來核定，期能以企業化方式來經營政府業務，並負責績效成果之責。在中央人事行政主管機關所訂政策與規範之架構下，各部在實際執行時享有很大的決定空間。因此，今日英國中央的人事主管機關型態業已脫離集權、一元化的管理方式，而完全朝向分權、民主與授能式的方向發展。

至於未來的人事行政主管機關會如何的演變呢？筆者認爲宜視未來的政治、經濟、社會情況而定，目前工黨政府的布萊爾（Tony Blair）於一九九七年五月三日就任首相以來，迄今仍然延續著前任政府的政策，尚未做出重大的變革，他已提出「第三條路」的政策主張（按：所謂「第三條路」是通往現代社會民主重生與成功的一條路。它不光是左派和右派之間的妥協，它企圖掌

握中間和中間偏左的核心價值，將它們應用在面臨社會及經濟基本變革的世界中，完全不受過時意識形態左右），如果目前工黨政府基於過去保守黨政府企業取向的改革措施，無法回應正在變遷的政治、經濟、社會之價值與目標，而企圖透過組織結構性的變革來指導與管理永業文官，則應將其視為理所當然之事。

參考書目

莊碩漢、黃臺生、侯景芳、林山本等（民86），《英法德三國人事制度考察報告》，台北：銓敘部，第48頁至51頁。

Cabinet Office (OPS)(1996). *Civil Service Statistics 1996.* London: HMSO.

Cabinet Office (1997). The Government's Expenditure Plans 1997-98 to 1999-2000, Cmnd 3620. London: HMSO.

Caiden, G. E. (1991). *Administrative Reform: Comes of Age.* New York: Walter de Gruyter.

Drewry, G. and Butcher, T. (1988). *The Civil Service Today.* Oxford: Basil Blackwell.

Garrett, J. (1980). *Managing the Civil Service.* London: Heinemann.

Greenaway, J., Smith, S., and Street, J. (1992). *Deciding Factors in British: A Case-Studies Approach.* London: Routledge.

HMSO (1968). Report of the Committee on the Civil Service 1966-

1968 (Chairman, Lord Fulton), Cmnd 3638, Vol.1. London: HMSO.

HMSO (1995). *The Civil Service*. London: HMSO.

Thatcher, M. (1993). *The Downing Street Years 1979-1990*. London: Harper Collins Publishers.

Wilson, G. K. (1991). "Prospects for the Public Service in Britain: Major to the Rescue?" *International Review of Administrative Sciences*, Vol.57, pp.331-332.

第三章

英國新的政府機制──執行機關

第一節　前言

　　西元一九七九年五月之前英國保守黨在大選期間的競選諾言之一，就是要減少政府的活動、支出與文官的人數。柴契爾夫人上台擔任首相之後，開始了她個人長達十一年有餘（1979.5.4-1990.11.27）的執政生涯（Thatcher, 1995）。在這十一年多的時間裡，她致力於行政革新，以三E的改革策略：經濟（economy）、效率（efficiency）與效能（effectiveness）等三個層面來評估文官制度的功能與績效，使得傳統的英國文官制度之體質發生重大的衝擊與轉變。因此，曾任英國內閣秘書長兼國內文官首長的巴特爾爵士（Sir Robin Butler）稱此爲「管理革命」（management revolution）（Butler, 1993:398）。

　　柴契爾夫人於首相任內所推動的行政體制改革方案，主要著名的有：自一九七九年起實施的效率稽核（efficiency scrutinies）、一九八二年五月推動的財政管理方案（Financial Management Initiative）以及一九八八年二月的續階改革計畫。續階改革計畫的主要核心，就是一種採取瑞典模式將組織結構予以重組，並將管理權力下授的變革組合，其具體的措施，就是設置執行機關（executive agencies），以執行中央政府公共服務遞送的功能，而僅保留少數的核心部會（core-departments）負責處理策略控制與政策制定。

當續階改革計畫被提出之時,不僅執政的保守黨對此一計畫的實施成效寄予厚望,連在野的工黨也表示支持的立場。因此,柴契爾夫人雖於一九九〇年十一月辭職,繼任的梅傑首相(John Major)於其任職期間(1990.11.28-1997.5.2)仍持續推行此一計畫。政黨輪替之後,工黨的布萊爾(Tony Blair)於一九九七年五月三日執政迄今,亦賡續推動此一計畫。該計畫被公認為是繼一八五四年「諾斯考特與崔維萊恩報告」(Northcote-Trevelyan Report)之後,影響最為廣泛的改革計畫,將對英國文官的組織與文化產生更進一步的衝擊與質變。

本章的主要目的在於探討此新的政府機制——執行機關,擬分別就續階改革的背景與經過,執行機關建置的過程、架構以及適用範圍等予以探述,最後並對此一機制做一評述,俾使吾人能對英國實施已近十三年的經驗獲得整體的瞭解,進而提供我國推行政府再造的參考。

第二節 續階改革的背景

續階改革是英國文官史上最重要的改革之一,此一重大的變革,與英國過去的文官改革與發展息息相關。一九六八年傅爾頓報告(Fulton Report)中,曾提出「賦予文官更明確的責任與更大的管理自主權」的建議(黃臺生,民83a)。一九八二年實施「財政管理改革方案」,以建立文官成本意識觀念,確保資源運用

最大的效益，改進作業單位與個人主管的預算責任授權，作爲績
效管理制度的基礎。然而，一九八八年的續階改革計畫，可說是
綜合前述的變革，透過自主性的「執行機關」，使公共服務的遞
送更爲有效率與更具效能。

柴契爾夫人在其長達十一年多的執政生涯，由於下列的原因
（黃臺生，民83b：72-73），導致她在任職首相期間陸續進行了一
連串的文官改革措施，這些改革也使得英國文官制度邁進一個新
的發展階段，從而影響（無論是直接地或間接地）續階改革計畫
的產生。

一、個人的原因

柴契爾夫人本身並不很熟悉英國行政與文官的文化，來自中
產階級企業背景的她，對於商業與競爭性的資本主義向極重視，
並對具有創見、果斷、自信的文官特別的欣賞；對於英國文官所
引以爲傲的小心謹慎、處事圓融、通才性質的業餘者（即缺乏現
代行政體系所應具備的管理與專業知識）等傳統特質非常地蔑
視。在她的潛意識中，常將高級文官視爲新政府的敵人，她與高
級文官之間的關係並不很融洽，她在質疑高級文官的建議時所採
取的凌屬態度，被許多文官視爲對其人格的侮辱（Hennessy,
1990:239-241; Caiden, 1991:199-200; Fry, 1984:325-327）。另外，
她對於文官利用職權與機會爲自己謀福利，諸如使其工作有所保
障、待遇與退休金隨通貨膨脹而調整等，儼然使其成爲一個特權

團體，而深表反感（Wilson, 1991:331-332）。

二、經濟與社會的原因

柴契爾夫人上台之初，當時的英國受到經濟不景氣的影響，失業問題極為嚴重，失業率一直維持在10.5％以上，失業人口高達三百餘萬人，均仰賴政府發給失業津貼，以維持其生活。因此，柴契爾夫人於一九七九年五月當政以來，基於解決社會失業的問題以及減輕財政負擔之雙重考慮，爰將行政革新列為其施政重點（Butler, 1993:397-398）。

三、政治與行政的原因

柴契爾政府既定的基本政策就是減低工會的權力，實行貨幣主義的經濟政策，縮減政府在內政上所扮演的角色，加強國防，削弱文官在政策分析及政策建議上的角色（即文官的角色應定位於積極地執行政策，而非在於與部長爭論政策是否原則可行），精簡政府組織與文官的人數（Wilson, 1991:331）。其目的在於終止政治與行政上的無效能，使新的文官制度能以功績原則為基礎，並能邁向新的專業主義（professionalism），從而重視績效、產出與個人責任（Fry, 1988:1-20）。

柴契爾夫人於一九八六年之前推動的「效率稽核」與「財政管理改革方案」等改革措施，雖然大體上在引起文官們重視成本

意識和績效管理理念上，確實有某種程度的效果，但是仍未能成功地改變各級文官保守、僵硬的官僚文化，對人民的需求仍無法作有效的回應，亦未能改變政府組織的基本動力。同時，財政部對於分權化的財政管理作法仍具相當的疑慮，整個分權化的執行成效不彰，距離理想的目標甚遠，大部分只是表面上採行分權，但實質上權力仍十分集中，權力下授僅及於中央各部會首長。

過去一百五十多年來，英國政府雖然戮力從事多次文官改革，並提出相當多的建議，但是從未有人去問文官心裡到底在想什麼。一九八六年柴契爾夫人要求雷尼（Sir Derek Rayner）的繼任者易卜斯（Sir Robin Ibbs），去評估財政管理的改革方案並提出續階（Next Steps）改革建議。他所領導的「效率小組」所提出的報告正符合文官心中的期望（Osborne and Plastrik, 1997:24）。

「效率小組」在新的領導者易卜斯的主持之下，經過三個月分別與文官、企業家以及公共管理專家等密集面談與諮商討論，咸認必須完全徹底改變英國文官行政文化、行為與態度。同一時期，英國政府與民間社會仍然存在著下列幾種壓力與呼聲，促使主政者必須加以正視與面對。

第一，英國政府為追求效率起見，業已承諾將公共服務業務予以民營化（privatization）。學習民間企業經營的方式，賦予獨立行政機關的執行長較大的人事與財政自主權。民營化的基本信念就是將公共服務的項目，諸如清潔、照顧、電腦設備的管理等委託民間經營，並深信私部門的效率是優於公部門。

第二，持續推動政府既定的政策，即精簡政府組織與文官的人數。一九七六年文官人數高達七五一、○○○人，一九九四年四月則銳減至五四○、二九三人，一九九九年四月一日止計有四六○、○四○人（Cabinet Office, 2000:4, 36）。柴契爾政府似乎從未公開宣稱文官人數究竟應達多少，才是合理的目標，但是急欲縮減政府規模與文官人數的用人政策，卻是顯而易見的。

第三，撙節支出的壓力與呼聲亦是及時顯現，計畫性支出（諸如：社會安全支出、高速公路建設支出，以及維持正常運作與遞送公共服務等經常性支出）數額龐大，對公共管理而言，的確構成極大的壓力。然而，執行機關於一九八八年正式成立，並未能如預期地減輕「服務品質」與「減少成本」兩者之間的緊張關係（Flynn, 1996:71）。

第三節　續階改革的經過

如前所述，「效率小組」於一九八六年在新的領導者易卜斯主政之下，經過三個月分別與文官、企業家以及公共管理專家等密集面談與諮商討論之後，發現「文官並不是問題，文官制度本身才是問題之所在」。易卜斯的意圖並未傾向於提出最激烈的改革建議，但是他認為如果欲使公共管理有效並列為施政的首要工作，就必須要改變現行的政府體系與結構（Osborne and Plastrik, 1997:25）。「效率小組」遂於一九八八年向首相提出了一份「改

進政府的管理：續階改革」計畫（Improving Management in Government: The Next Steps），該計畫中所提之建議完全爲首相所接受，並自同年二月起依計畫內容正式推動。

從「效率小組」所提出的續階改革報告中，可發現下列幾項結論（Efficiency Unit, 1988:3-5）：

1. 文官們大多數認爲，朝向明確的管理方式發展，對他們是有所助益的。

2. 文官大多數與提供民眾服務有極密切的關係。然而，在管理上兩者似乎未能密切配合。

3. 高級文官常精於政策分析以及向部長提出建言，惟對於公共服務的管理工作似乎欠缺經驗。

4. 高級文官皆能回應部長所設定的工作優先順序之要求，亦能回應國會的要求，並執行政府的政策。

5. 由於部門內行政事務的多樣化與複雜化，再加上國會、媒體與民眾的要求，大幅地增加了部長的工作量。因此，有必要減少部長瑣碎的行政事務工作，使其專注於政策決定的工作。

6. 文官的管理階層主要係透過預算與人員的控制來執行政策，惟對於執行的績效與成果則鮮加注意。「財政管理改革方案」雖已建立文官成本意識的觀念，惟迄今尚無一套衡量與控制執行績效的機制，特別是在公共服務產出方面。

7.政府中文官的數量太大與太多樣，以致無法成爲單一整體
　以便於管理。不同類型的工作如適用同一類型的甄補、薪
　俸與考績制度的確是不太恰當的，因此，必須有不同的管
　理方式，使管理更具自主性，權力更能下授。

　　上述發現簡單地說，既存行政組織係以政策立案爲中心，對
行政之服務與執行較不關心，過分偏重管理與統制，預算與財政
管理方面缺乏彈性，權力未能下授，文官欠缺對提升效率與品質
之意識（Christoph, 1994:582）。

　　根據上述發現，「效率小組」認爲革新工作應朝下列方向努
力：

1.各部會的工作應以工作爲重心，各部會的內部結構與體制
　設計，均以強化政策決定更爲有效，與所提供的服務更有
　效率爲目標。
2.各部會的管理工作必須確保其所屬人員，均能具備執行工
　作所需的相關經驗與技能。
3.有必要在各部會中形成一股真正能持久的內外在壓力，使
　各部會擁有成本效益的觀念，並持續地改善政策決定與爲
　民服務的工作。

　　基於上述改革的方向，「效率小組」爰提出下列三項具體的
建議，此即是續階改革的源頭（轉引自蘇彩足與施能傑等：民
87：33-34）：

1. 各部會應成立相關的執行機關，專責執行各該部會所應提供的服務項目，執行機關與各部會之間應訂定一種類似契約關係的工作綱領文件（a framework document）。

2. 各部會應實施適當的訓練計畫，以確保所屬人員服務的品質。

3. 各部會應指定一位相當於常務次長級的官員擔任專案管理者，使續階改革能儘速地推動並持續地進行。

續階改革計畫是柴契爾夫人任職首相九年之後，再一次面臨新的挑戰。她對於該計畫的報告與建議完全接受，隨即任命由企業界出身的財政部高級官員肯普（Peter Kemp）負責該項計畫的執行。肯普的專案團隊是一群來自各部會年輕、幹練的高級文官所組成。續階改革計畫提出之後，柴契爾政府又根據國會之審議，於一九八八年十一月公布「文官管理的改革：續階計畫」（Civil Service Management Reform: The Next Steps），其中揭示了執行機關之設立、執行機關化等基本方針。甚至在一九八九年十二月又提出「執行機關之財政與責任」（The Financing and Accountability of Next Steps Agency）報告，揭示有關執行機關的財政管理方針（行政院人事行政局，民89：108）。

續階改革計畫的主要目的，在於增進政府管理與公共服務的傳送，並採取瑞典的模式，將文官的結構予以重組，即採取管理責任與控制之授權原則，以及將文官區分為政策制定與政策執行等兩種人員。政策制定人員留在部會核心辦公室（core office），

其餘人員則轉任到獨立的執行機關，負責政策的實際執行。

　　肯普的專案團隊實際負責推動續階改革計畫，因而要求各部會配合下列事項（Osborne and Plastrik, 1997:26）：

1. 將各部會的功能區分爲決策與服務傳送，每一個負責服務傳送的單位稱爲「執行機關」。

2. 賦予執行機關在預算、人事制度以及其他管理實務方面有較大的自主權。

3. 執行機關的執行長（chief executives），以公開競爭的方式從公、私部門中選任之。

4. 要求執行長提出一份三到五年的經營計畫，以及一年的業務計畫。

5. 執行機關每年與其所屬部會訂定一個爲期三年的「工作綱領文件」，詳述年度目標與執行時的彈性。

6. 給予執行長在人員進用與薪資（包括績效獎金）等方面相當大的權力。

7. 取消執行長有關文官正常任期的保障權利。

8. 要求執行長每三年重新提出續任申請。

　　肯普在接任此項任務時，一方面強調此項計畫的重要性，另一方面則宣布，他的目標就是使得75%的文官能轉移到執行機關工作，而上述目標在一九九六年時幾乎已達到。

第四節　執行機關建置的過程

　　依照續階計畫所揭示執行機關建置的基本方針，將行政執行機能與政策決定機能區分開來，部會本身只負責政策與策略的決定，執行工作則交由各部會新設定的執行機關全權負責，以實現下列的目標（行政院人事行政局，民89：109）：(1)行政服務效率之提升；(2)行政服務品質之提升；(3)引進適合組織且多元化的管理方式。

　　由於柴契爾政府既定的政策以及當時各種環境因素使然，使得執行機關的建置及管理顯得較不單純（Goldsworthy, 1991）。肯普奉命出任續階改革首任專案團隊的領導者，首要工作就是儘速地建置執行機關。專案團隊咸認不同型態的執行機關必須要有不同的工作綱領協定（framework agreements），並認為某些部會早已建立相關的管理與課責制度，如此有助於部會與所屬執行機關間的準契約關係很容易地建立。在執行機關的建置過程中，一方面使中央維持著負責推動執行的原動力，另一方面並兼顧執行機關能因地制宜。

　　實際上，在建置過程中有三個主要的參與者：即符合設立執行機關的部會、續階改革專案團隊，以及財政部。財政部可說是扮演著關鍵的角色。當時對於該部是否樂意將管理權力下授給執行機關，曾經引起各方的疑慮與廣泛的討論。因為執行機關的執

行長與管理者經常抱怨他們在人事與經費上，處處受限於財政部的規定。幾經爭議之後，財政部終於同意發出備忘錄，同意再釋出相當的人事與經費之權力，下授給執行機關，始平息上述的疑慮。

然而諷刺的是，一九八九年在倫敦企業學院（London Business School）舉辦有關執行續階改革計畫的一場研討會中，財政部發言人竟以幻燈片顯示出：「真自由就是經由財政部來管制」這樣的字眼（Flynn, 1996:72）。由此可知，財政部與執行機關的管理者在人事與經費上爭執的陰影與心結，似乎是揮之不去依然存在著。

第五節　執行機關的架構

一、設置標準

某一單位欲成為執行機關，必須通過一些標準的檢驗始符合規定。首先，各部會必須依照財政部的規定來評估所屬機關的職能，並就下列五種方式擇一以為因應：裁撤、出售、以契約委託外包、轉化為執行機關，以及維持現狀（Osborne and Plastrik, 1997:27）。此一作法之目的在於先行評估所屬機關的職能，該機關何去何從必須先行決定。換句話說，政府對於服務傳送功能是

否必須完全地介入呢？如果是必須完全地介入，那此項功能是否可以以契約方式委託外包呢？只有在上述兩個問題找到具體答案之後，始能有資格成立執行機關。

其次，執行機關設置標準尚包括該機關是否傳送相當具體與明確的服務？人數是否足以確保其獨立的地位（儘管執行機關員額設置標準最低為三十人）？各部會首長是否必須日復一日地介入各所屬機關的管理工作？

在實務上，如符合上述檢驗的標準者，即可成為執行機關。因此，不同型態的執行機關自然是隨著環境的需求應運而生。

二、工作綱領文件

各部會與其所屬執行機關雙方之間的關係與協定，是如何地運作，均以工作綱領文件為依據。有趣的是，在同一時期法國政府業已採取相同的術語Tableu de Bord，作為各部會與責任中心之間的協定（Flynn, 1996:72）。工作綱領文件敘明執行長對部會首長應負的責任、執行機關的目標與任務、所提供的服務項目、財政安排（包括財政目標、計畫、報告與會計決算），以及薪資與人事管理等項目。執行機關的成效如何判斷呢？將依據該機關每年與其所屬部會訂定的執行計畫（即工作綱領）來評定。上述執行計畫套句目前流行的用語，即所謂的「企業計畫」。

工作綱領與契約最主要的差異，在於它在法律上未具有強制力。因為執行機關與所屬的部會在法律上均臣屬於英國女王之

下，兩者之間可以不必簽署法律上的協定。然而在實務上，如果
某一執行機關無法符合設定的目標，自然就會出現法律技術層面
上的問題。在某些個案上，執行機關未符合既定的目標，容許其
解釋原委，但是此舉將對執行長與高級主管績效薪俸等級之評定
產生影響。

三、執行長之任命

　　執行機關建置的好處之一就是該機關由執行長領導並負成敗
之責，執行長依據機關目標全力以赴完成使命。另外的好處就是
執行長由部會首長基於公開競爭的方式來任命。因為「效率小組」
的評估報告中曾經提出批評，認為文官中居高級管理職務者，大
都已擁有政策形成的經驗（Osborne and Plastrik, 1997:24）。因
此，在任命執行長之公開競爭過程中，有必要將管理經驗列入甄
選考量的重要項目之一（Christoph, 1994:582）。

　　執行長的任命是有一定的任期與僱用條件，而不是以既有的
薪俸等級為基礎。所簽定的契約任期是定期式的，通常是三年。

　　透過公開競爭的方式來任命的執行長，大都來自政府部門與
民間企業。一九九二年中期甄選出七十五位執行長，其中四十六
位來自文官，二十九位來自民間企業；一九九五年四月在既有一
百一十三個執行長職務中公開招募七十一人，其中有三十五人來
自非文官體系；一九九六年十月一百三十一個執行長職務中公開
招募九十人，其中三十三人係來自民間（Christoph, 1994:583;

Cabinet Office, 1995：行政院人事行政局，民89：110）。

第六節　執行機關的適用範圍

續階改革計畫自一九八八年二月起正式推動，第一個執行機關係由交通部於一九八八年八月成立車輛檢查局（Vehicle Inspectorate）（行政院人事行政局，民89：108）。執行機關的設立，從監獄、實驗室、護照發放，到訓練軍職人員等各種型態是應有盡有。執行機關可說是代表了政府不同型態的活動，然而不同型態的執行機關則取決於下列三個變數（Flynn, 1996:73-74）：第一，它們是否能夠對顧客提供服務，而顧客卻可以選擇是否與它們進行交易呢？第二，它們是否能夠找到顧客，並使其業務成長呢？第三，它們是否直接對民眾提供服務，或僅對各部會及所屬執行機關提供服務呢？上述三個變數勢必影響執行機關的執行長在市場與顧客導向等方面所應具備的能力，以及該機關未來成功之路。

執行機關在一九八八年至一九八九年之間成立了八個，一九九一年初期已達五十一個，一九九二年有二分之一的文官在執行機關工作（Savoie, 1994:211-212），一九九五年四月達一○八個，一九九六年達一二六個，一九九七年由於英國政府持續推行民營化政策，並鼓勵執行機關民營化與重組（諸如合併、功能歸入同一執行機關等）（詳見Cabinet Office, 2000:54-57），致使一九

九九年四月一日執行機關的數目減至一○七個。至於文官在執行機關工作的人數，則自一九八八年起有逐年增加的趨勢。一九九四年文官在執行機關工作的人數爲三三九、六二一人，一九九五年爲三四五、三四二人，一九九六年爲三五○、四○七人，一九九七年爲三六四、一六四人，一九九八年爲三五五、九○二人，一九九九年爲三五六、五二○人。以一九九九年四月一日爲例，文官在執行機關工作的人數已占全體文官人數的77%（Cabinet Office, 2000:6, 36）。

如前所述截至一九九九年四月一日爲止，有三五六、五二○人在執行機關工作，以部門別來區分，則分布情形分別是：社會安全八一、六○○人（占22.9%），國防五九、六六○人（占16.7%），國內稅收（Inland Revenue）五七、四六○人（占16.1%），國內部門（Home Office）四一、六○○人（占11.7%），教育與就業二九、五二○人（占8.3%），海關與國內消費稅二二、五一九人（占6.3%），其他部門六四、一六○人（占18%）。以執行機關規模來說明，最大者如社會安全部的「福利給付署」（Benefits Agency），管轄六八、二五一人，最小者如財政部的「公債管理局」（Debt Management Office），僅有二十三人（Cabinet Office, 2000:7, 36, 40）。

第七節 評述

一、理論上的評述

　　續階改革計畫被公認爲係二十世紀的「諾斯考特與崔維萊恩報告」（O'Toole and Jordan, 1995）。英國國會財政與文官委員會（Parliament's Treasury and Civil Service Committee）於一九九四年十一月宣稱：「續階改革計畫是近幾十年來最成功的文官改革計畫」（Osborne and Plastrik, 1997:30）。從理論上而言，柴契爾政府推動的續階改革計畫，乃受到新右派（New Right）主張的影響，亦即引進企業精神、重視自由、強調擴大選擇和增進效率。換言之，新右派乃是偏好市場與企業管理的方式，來治理國家。續階改革計畫不僅是管理主義的實踐，而且是公共選擇理論（public choice theory）與新公共行政（new public administration）的具體實現，從而導致政府在憲政、政治與行政等方面作重大的改革（Christoph, 1994:582）。

　　續階計畫的基本假定認爲，政府功能可以分爲兩個截然不同的系統，一爲政策功能，另一爲服務遞送功能，如此更能有效率與更能負起責任。政策仍在部長，續由核心文官提供建議，而服務遞送則置於部會之外，儘可能依企業精神與商業標準來辦理

之，故必須賦予管理者更大的權責（Efficiency Unit, 1988:18）。
研究行政革新的著名學者Caiden（1991:207）曾謂：「續階計畫
的目標如果實現的話，將使得完整統一的文官體制瓦解，摒棄中
央集權與控制的作法，並使工會主義的基石逐漸地遭到侵蝕」。
續階計畫使得文官組織體質由水平性轉變成垂直性的改變（黃臺
生，民83b：79），換言之，從過去工作條件、待遇、職等結構與
工作實務完整一致的部會，轉變成目前核心的部會之下轄有若干
個執行機關。每一執行機關官員的角色業已產生變化，例如原來
部會內司（處）長的角色目前已經成為執行機關的執行長，具有
很大的獨立性與控制權力，業務執行有效係建立在其與部會首長
的個人契約上。此一契約明定存續期間，對某一特定目標要求其
應有具體的績效，並給予績效獎金。

　　續階計畫使得政府得以進一步縮減支出與職位，並從私人企
業引進人員來擔任執行長，以及改變文官人事政策與勞資關係
等，均使原在政府機關不可能發生的事情成為可能。續階計畫在
實際運作時業已不同於一般政府機關，處處可見私人企業重視績
效管理與服務品質，以及追求效率與生產力的影子。英國政府亦
曾不諱言地宣稱，執行機關之設立至少有下列特色（Cabinet
Office, 1994）：(1)目標明確；(2)將政府功能區分為政策決定與
服務遞送；(3)管理責任下授；(4)重視輸出與結果。

　　柴契爾政府設置執行機關的創舉，在當時確使保守的英國人
眼睛為之一亮，朝野兩黨均認為此一大幅改變傳統文官體制結
構，而以單位功能化的模式執行各部會所賦予的任務，可為英國

文官制度帶來新的契機。然而，此一新的政府機制無可避免地遭受到若干理念上的批評，諸如：續階改革計畫是否經過深思熟慮？是否會重蹈瑞典模式的覆轍呢？國會最終控制與執行機關管理者自主權之間如何調和呢？（Caiden, 1991:207）；傳統的行政價值將被否定，幾使政府功能縮小到可能成為「外包政府」（contract-out government）；完整統一的公務人事制度有解體之虞；革命注定失敗，因為違背吾人基本民主與責任規範；文官已經喪失其公共道德優良傳統；「文官已消失？」；「全國惠德利會議的終結者？」（O'Toole and Jordan, 1995；孫本初，民89：8）。

二、實務上的評述

至於在實務上則有以下的質疑與批評：

(一) 關係不明確

因續階執行機關具有獨立的人事權及財政權，故其與核心部會的關係並非完全是屬於層級節制的隸屬關係，但卻需執行該部會所制定的政策，也需向該部會提出「續階改革年度報告」（Next Steps Annual Reviews），並接受其考核。Barberis（1995:115-116）亦曾指出：「就實務面而言，將政府功能明確地區分為政策決定與服務遞送，迄今尚未完全地實現。」

（二）管理權力未能完全下授

　　曾任國內文官首長的巴特爾爵士曾指出：「我們無法期望各部會將下授其管理權力，並使其延續下去。這就好像它是從未發生過一樣。最困難的部分就是改變各部會的功能與態度，使其轉變成更具策略性的角色，從而將政策決定與留給執行機關決定之事予以區分開來」（Mellon, 1994）。從相關的評估報告得知，執行長受到財政部與各部會太多的控制，應該賦予更多的管理權力（Efficiency Unit, 1991; Flynn, 1996:79）。

（三）文化上的差異

　　從過去的經驗顯示，執行機關內部會產生很大的文化改變（cultural change），即所屬員工會變得更關心機關的目標、績效及顧客的滿意度。相對地，各部會本身則顯得較無誘因去改變。法國文官Sylvie Trosa（1994）曾研究各部會與所屬執行機關的運作關係，她發現雙方之間有很大的文化上差異，雙方均相互猜疑，即各部會認為執行機關太自主獨立，而執行機關則認為其直屬的部會太有官僚作風。她研究後的結論認為執行機關僅是準自主性機關，大部分的事務仍然受到其直屬部會的管制。如果執行機關越小，則其執行長越少與其直屬部會接觸，所受的約束自然會比大型的執行機關來得更少。

（四）協調的減少

執行機關的建置雖具有一定的彈性與創造力，但是從事行政革新比較研究的著名學者Guy B. Peters卻認為此一制度設計最大的缺點就是協調的減少。因為此一制度是基於兩個假定，第一是政治與行政分開，第二是假定政策計畫本身具有可區分的性質，而不會出現跨領域與跨單位的問題。事實上，這兩點假定可能須以增加溝通與協調成本為代價，並增加了政治與行政結構、平行機關之間衝突的可能性（轉引自蘇彩足與施能傑等，民87：35）。

（五）責任難以明確區分

執行機關雖由執行長對業務成敗負完全責任，惟執行長並不對國會負責，反而是部會首長對國會負政策責任。然而，問題是部會首長該如何為享有充分授權的執行機關負責？而且，失敗究竟歸因於政策或是執行，實在是難以區分，因而課責問題顯得更令人困惑（Christoph, 1994:583; Flynn, 1996:81-82），其理由有三：第一，負責執行的管理者承擔了政策建議的角色；第二，事出有因，但有些時候很難區分是政策制定者或政策執行者的責任；第三，部會首長基於政治上的理由，實際上仍然擁有干預執行機關管理方面的權力，如執行機關成效不好，常會將責任歸給高級文官使其成為替罪的羔羊。這或許就是政治的本質，部會首長希望擁有的權力是越多越好，但是責任卻推得越遠越好。

(六) 績效評估的問題

執行機關似乎僅能達成短期性的目標,而且績效指標難以確定,各執行機關在確認組織目標時有其實際上的困難。

第八節　結語

由於柴契爾夫人的個人因素以及當時英國的環境,導致在她擔任首相期間陸續進行了一連串的文官改革措施。本章所述的「續階改革計畫」即是對於英國文官體制做了一次基本上的變革,將文官功能區別為政策的決定與執行,使其各司其職,充分發揮本身的職能,讓文官從傳統的國家統治階級之一的角色覺醒過來,並認識到其為民服務的新角色。

續階改革計畫明顯地係受到新右派主張的影響,其成效雖褒貶不一,但不容否認此一新的政府機制仍具有下列的屬性,或可作為我國推動政府組織再造的參考:(1)政策決定與政策執行權責劃分明確與清楚;(2)各執行機關有獨立的人事權與財政權;(3)各執行機關的執行長從公私部門以公開競爭方式任命之;(4)各執行機關有明確的目標並使考核有所依據;(5)執行長對於所屬部會首長負直接責任,各部會首長則向國會對所屬執行機關的活動負責。

續階改革計畫自一九八八年二月實施迄今,大體上說來可說

是成功的。該計畫提出之初，不僅朝野雙方均寄予厚望與表示支持，而且民選官員與常任文官亦相互合作共同推動，再加上柴契爾政府策略運用得當，致使文官在執行機關工作的人數，在一九九九年四月一日時已高達77%。依目前的趨勢來判斷，此一比率仍將繼續成長。

　　目前牽動我國政府整體組織再造的「中央政府機關組織基準法草案」及「中央政府機關總員額法草案」，仍然停滯在立法院法制委員會審議中，就其內容而言，妥協的成分似乎過高，乃致趨於保守；就其本質而言，已非單純的政府管理改革，似乎陷入政治的角力，導致昔日政府推動的「政府再造方案」嚴重延宕。上述英國政府推動改革的經驗與魄力，的確值得吾人體認與深思。

參考書目

行政院人事行局（民89），《各國行政改革之動向》，台北：行政院人事行政局。

孫本初（民89），〈英美政府再造經驗對我國的啓示〉，《人事月刊》，第30卷第2期，第4頁至17頁。

黃臺生（民83a），〈英國三次重大文官改革〉，《人事行政》，第110期，第9頁至21頁。

黃臺生（民83b），〈行政革新：英國的經驗（中）〉，《人事月

刊》，第19卷第6期，第72頁至80頁。

蘇彩足與施能傑等（民87），《各國行政革新策略及措施比較分

析》，台北：行政院研究發展考核委員會。

Barberis, P. (1995). "Next Steps: Consequences for the Core and
　　Central Departments," in B. J. O'Toole and G. Jordan (eds.).
　　Next Steps: Improving Management in Government? Aldershot:
　　Dartmouth, pp.115-116.

Butler, R. (1993). "The Evolution of the Civil Service: A Progress
　　Report," *Public Administration*, Vol.71, Autumn, pp.395-406.

Cabinet Office (1994). The Civil Service: Continuity and Change,
　　Cm2627. London: HMSO.

Cabinet Office (1995). *Next Steps Briefing Notes*. London: HMSO.

Cabinet Office (2000). *Civil Service Statistics 1999*. London: HMSO.

Caiden, G. E. (1991). *Administrative Reform: Comes of Age.* New
　　York: Walter de Gruyter.

Christoph, J. B. (1994). "A Traditional Bureaucracy in Turbulence:
　　Whitehall in the Thatcher Era," in A. Farazmand (ed.),
　　Handbook of Bureaucracy. New York: Marcel Dekker, pp.577-
　　589.

Efficiency Unit (1988). *Improving Management in Government: The
　　Next Steps.* London: HMSO.

Efficiency Unit (1991). *Making the Most of Next Steps.* London:
　　HMSO.

Flynn, N. (1996). "Case Study: Next Steps Agencies," in N. Flynn and F. Strehl (eds.), *Public Sector Management in Europe*. New York: Prentice Hall, pp.69-83.

Fry, G. K. (1984). "The Development of the Thatcher Governments 'Grand Strategy' for the Civil Service: A Public Policy Perspective," *Public Administration*, Vol. 62 (Autumn), pp.325-327.

Fry, G. K. (1988). "The Thatcher Government, the Financial Management Initiative, and the New Civil Service," *Public Administration*, Vol.66, Spring, pp.1-20.

Goldsworthy, D. (1991). *Setting up Next Steps*. London: HMSO.

Hennessy, P. (1990). *Whitehall*. London: Fontana Press.

Mellon, E. (1994). "Executive Agencies in Central Government," in A. Harrison (ed.), *From Hierarchy to Contract*. Oxford: Transaction Books.

Osborne, D. and Plastrik, P. (1997). *Banishing Bureaucracy: The Five Strategies for Reinventing Government*. New York : Addison-Wesley.

O'Toole, B. and Jordan, G., (eds.) (1995). *Next Steps: Improving Management in Government?* Aldershot: Dartmouth.

Savoie, D. (1994). *Thatcher, Reagan, Mulroney: In Search of a New Bureaucracy*. Pittsburgh: University of Pittsburgh Press.

Thatcher, M. (1995). *The Downing Street Years 1979-1990*. New

York: Harper Collins Publishers.

Trosa, S. (1994). *The Next Steps: Moving On.* London: OPSS, Cabinet Office.

Wilson, G. K. (1991). "Prospects for the Public Service in Britain: Major to the Rescue? " *International Review of Administrative Sciences*, Vol. 57, pp.331-332.

第四章

英國文官及其行政

第一節　前言

　　一九二九年至一九三一年間，英國欽命吏治委員會（Royal Commission on the Civil Service）認為「文官」（civil servants）是英國國王的公僕，除了政治性任命及司法人員外，均以卓越的才能而為政府所進用，他們所領的薪俸，需經國會（parliament）的同意（Kavanagh, 1985:245）。這個定義已將法官、軍人、國會議員、地方政府之公務員及公營事業人員等均排除在「文官」之外。一九八〇年時大約有六百萬人員為英國官方機構（包括中央、地方政府及公營事業等）所僱用。截至一九八三年四月一日為止，英國有六十四萬九千個文官，其中大約十三萬人是實業人員（industrial staff），大約五十一萬人是非實業人員（non-industrial staff）。

　　二十世紀之初，英國文官的數目隨著政府職能的擴張而逐漸增加。二次世界大戰，文官的數目更是達到頂峰，一九四五年後則逐漸平緩，一九六二年時數目再次增加，但是柴契爾夫人擔任首相後，致力於文官改革，使得文官的人數相對地減少。

　　目前非實業的文官可劃分為三大類：第一類是行政職組（administrative group），係於一九七一年將過去的行政級（administrative class）、執行級（executive class）及書記級（clerical class）等三種職級予以合併；第二類是專門技術職組

（specialist group），指的是法律人員、醫務人員，及科學與技術人員；第三類是特別部門職組（particular departmental classes），諸如國稅局官員、教育督察等在特殊部門工作。

本章擬分從英國文官制度的演進及原則、文官的進用及其改革、文官與部長間之關係、文官的權力等方面加以探討，俾使吾人能對英國文官的近況得到整體性的瞭解，進而作為我國行政改革的參考。

第二節　文官制度的演進及其原則

英國各部均設有一位常務次長（Permanent Secretary），常務次長綜理各部一切事宜，並對部長負全責。某些部甚至設有第二常務次長（Second Permanent Secretary），在第二常務次長之下，科長級以上人的職位人數，在一九八二年時即有六千人，大約占非實業文官的3％，他們的工作是具有政策性的，諸如準備部長在國會答詢資料、撰擬講稿、準備立法以及撰寫備忘錄等。此一層級之下，即是以前的執行級人員，他們大都為執行官（executive officer）及行政練習員（administrative trainees），處理經常性的行政工作。最後一層級即是書記官員（即以前的書記級人員），處理例行性事務，彼等占非實業文官的三分之二強。

儘管各部分設內部單位有一致性的規定，然而各部仍舊依照自己的特性決定其內部的單位。例如每一部依專業分工的原則設

置各業務單位及幕僚單位,大部分的部甚至還設有訓練單位。一九六八年以前,文官委員會(Civil Service Commission)負責文官的考選工作,其餘人事行政等有關事宜由財政部(Treasury)負責。一九六八年根據傅爾頓(Lord Fulton)委員會的建議,成立了文官部(Civil Service Department);接辦了前此由財政部掌管之有關人事及組織方面的職掌,同時將文官委員會併入文官部。一九八一年英國首相柴契爾夫人發現人力管理以及一些需要經費支援的人事行政業務的處理,仍舊處處要仰賴財政部的支援,由文官部負責處理,效果欠佳,更乏效率。於是在是年十一月六日撤銷了文官部,改設「管理及人事局」(Management and Personnel Office)(Peele, 1983:95-98),並將原屬文官部負責之管轄各機關之組織編制、員額、職位、職等及工作量等工作之人力規劃、人力檢查等業務,歸還財政部,由該部負責管轄,至於管理及人事局則負責管轄各機關管理制度及管理措施的策劃、檢討與改進,以及人事行政方面之人員進用、訓練培育、退休、撫卹等業務。

文官的工作很容易為人所瞭解,大部分是例行性的工作,對於國會是否通過新的法令規章並不太注意,所關切的是如何執行現行法令。現代國家的文官必須負起管理經濟及提供各項福利措施之責,如徵稅、失業救濟、核發建築及駕駛執照等功能,當然英國文官自然不例外必須擔負其責任,認真地去執行。

許多高級文官在中央倫敦區工作,將近三分之二的文官派在各地區工作與民眾經常有所接觸。例如衛生及社會安全部

（Department of Health and Social Security）有八百個分支機構，幫助民眾申請有關福利措施等事宜。同樣地，國稅局（Inland Revenue）在許多城鎮亦設有機構，處理民眾詢問有關個人所得稅等有關事宜。

現代英國文官具有下列三種特性：公正（impartiality）、永業（permanence）以及匿名（anonymity）。十八世紀時，許多文官要求他們的職位是永業的，直到一七八○及一八三○年間，此一要求才被肯定（Parris, 1969）。此一特性的發展起源於「行政」與「政治」的區分，永業化的認定在於政府改組時，文官是否與主政者同進退，如果不與主政者同進退，則屬於永業化文官的範疇。政府業務不斷地擴張及分工越細的結果，使得人民難以將政治性與行政性職位視爲一體，他們必須從中擇其一。

公正、永業以及匿名此三項互相關聯的原則，已成爲英國「憲政官僚體制」（Britains' Constitutional Bureaucracy）的特性（Parris, 1969）。文官的公正爲其所具有的「國王公僕」的官方地位、永業化及超乎黨派之外等特色所肯定。「公正」即係限制英國文官參與政治活動及對政治事務意見的表達。實業的文官及書記級的人員可以參與政治；行政級及執行級的文官可以自由參加政黨，但是他們不能代表該政黨，如欲參與地方政治必須獲得官方的許可，許多國家如法國與西德，在慣例上，高級文官必須請假後，才能參與政治，但是在英國則必須辭去現職才能競選公職。

目前文官工會（Civil Service Trade Union）並不隸屬於工黨

（Labour Party），但是工會逐漸地政治化（即大部分對政府薪資政策的反應及要求公共支出減少等），引起了某些實質的變化。文官協會（Society of Civil Servants）及公務員協會（Civil and Public Services Association），已經對某些問題採取左翼（left wing）的立場，前者係以執行級的文官為主要成員；後者則以書記級人員為主。一九二七年工會爭議法（Trade Disputes Act）明文禁止文官罷工，此一法規於一九四六年廢除。一九八一年因為保守黨政府將薪資研究單位所提關於文官增加薪俸一事置之不理，文官工會終於發動一場長時間的罷工。

「公正」與「匿名」二原則密不可分。理論上，部長決定政策，並為政策負責。向國會負責的觀念，建立於此一假設上，即文官為部長的代理人。部長責任制即是部長為其部門的業務成敗負責。此一觀念源於一八七三年，當時史卡德摩先生（Mr. Scudamore）為郵政局的官員，因為基金分配不當而負其個人責任。財政大臣（Chancellor of the Exchequer）並對下議院（House of Commons）說明了他已接受了史氏對該問題所負的責任。當時一位後排議員奧斯本（Bernal Osborne）曾說：「下議院與史氏負不負責無關，他不必對我們下議院負責，我們要其首長向我們負責」（Kavanagh, 1985:248）。

只要部長能為政策負責，文官執行該政策時就不需為其辯駁。但是此一現象已經有所變化。一九七二年調查「交通工具及一般保險公司」（Vehicle and General Insurance Company）為何會失敗時，曾提及係貿易局（Board of Trade）高級官員疏忽所致。

於是大眾媒體競相報導此一問題，文官為特別委員會所質詢，結果逼使高級文官說出真相，導致「匿名」原則為之動搖。傅爾頓因而建議在尊重憲政傳統之原則下，政府內部應採取更公開的立場，以解釋他們決定某一政策之理由。但是此一「匿名」原則，在實務上的確為部長與文官帶來許多的便利。

第三節　文官的進用及其改革

　　吾人所論及文官的政治與決策的角色，係以高級文官（即科長級以上之官員）為主。此類人員大都是直接從各大學畢業生中招考，以及由機關內部晉升人員所組成。此外，他們是專門技術人員如工程師、醫生、科學家及律師，扮演了大部分的技術角色，對行政主管提供相當多的意見。高級文官經常與部長接觸，幫助部長制定與執行政策。大部分的高級文官在中央倫敦區辦公，其餘的少數高級文官則在愛丁堡（Edinburgh）及卡地福（Cardiff）二地方工作。許多高級文官的家庭背景與「文官」有很大的淵源。一九六〇年代中期，曾對一小部分的高級文官做過研究，發現他們對於政治係採取中間的立場，因他們的工作是基於專業知識與專業的判斷，對部長提供各種建議。一位文官認為如果很情緒地捲入政治漩渦，他就不適宜擔任文官（Chapman, 1970:116）。

　　高級文官的工作需要高度的知識水準，所以進用時通常以公

開競爭考試及面談方式為之。十九世紀中葉之前，文官通常以政治酬庸方式而任命。一八五四年諾斯考特與崔維萊恩報告（Northcote-Trevelyan Report）首先建議採取公開競爭考試，作為人員進用的方法及標準。一八五五年文官委員會正式成立，負責舉辦文官資格考試。一八七〇年，根據樞密院令（Order in Council）確定了公開競爭的考試制度。儘管公開競爭考試制度的方式曾經有多次的修正，但是整個制度的精神則繼續沿用到二十世紀。

文官考試由獨立的文官委員會辦理，藉以避免政治性的任命。高級文官行政人員之入選者，大都係牛津（Oxford）與劍橋（Cambridge）兩大學之畢業生。一九六九年時規定應甄者年齡須在二十至二十七歲之間，且擁有大學畢業獲得學士學位以上資格，並須經三階段考試步驟。第一階段採筆試方式，為時一天半，合格者方具資格參加第二階段考試，由文官考選委員會（Civil Service Selection Board）負責進行各種測驗，包括鑑試、口試及面試等。第三階段為決選，由決選委員會（Final Selection Board）負責，採取廣泛的面談方式為之。

自從諾斯考特與崔維萊恩報告提出採取公開競爭考試制度之後，英國文官制度即以效率、公平及廉潔為人所稱讚。直至一九五〇年代後期方為人所批評。他們對整個文官制度的抨擊如下：抱怨財政部管理及經濟績效的低落；政治左翼份子不滿高級行政人員中產階級的色彩；企業家則認為文官對於企業界缺乏廣泛的瞭解；甚至認為文官是「業餘者」（amateur），缺乏現代行政體

系所應具備的管理及專業知識（Kavanagh, 1985:250）。

於是社會大眾不斷地要求進一步的改革，但是卻發生一些矛盾的現象，諸如要求文官更專業化，但是他們的部長並非專家；或者要求文官主動地參與公共政策，然而責任卻要由部長負責的制度一直延續，並未有任何的改變。一九六五年首相威爾森先生（Harold Wilson）爲了因應上述批評，於是任命傅爾頓成立調查委員會（Committee of Inquiry），以檢討文官的結構與管理。

傅爾頓委員會於一九六八年提出報告，認爲過去對文官所提出的批評不無道理。報告中對於文官爲人視爲「業餘者」及「門外漢」一事感到惋惜，認爲對所有的文官及其服務予以稱讚業已過時。文官需要引進更多的專家，同時並建議：(1)設置文官部；(2)各種職級合併爲單一的職組體系；(3)設立文官學院（Civil Service College）辦理文官的職前與在職訓練；(4)加強各部分及其分支機構間的內外互調（Kavanagh, 1985:250）。

成立文官學院，以提供經濟學、管理學、統計學及公共行政方面的在職訓練。它的課程爲期二十六週，難與法國行政學院（École Nationale d'Administration in Paris）高級行政人員接受三年的訓練相比。文官部是接辦財政部掌管的有關薪俸及管理方面的職掌，以及將以前文官委員會予以併入而組成。首相柴契爾夫人不滿意該部的工作績效，於一九八一年將該部予以撤銷，將原屬文官部負責的薪俸、服務條件及人力規劃等工作，歸還財政部，同將組織及人員進用等業務歸於新成立的管理及人事局掌理。瑞納爵士（Sir Derek Reyner）是首相柴契爾夫人的政治顧問

之一，負責文官反浪費（anti-waste）計畫，他就是力求撤銷文官部的人。

政府機關進用了許多政治性的顧問，他們任命的方式，不同於首長級的文官。文官級類區分由級（classes）改爲組（groups）統一職組體系，高級政策及管理集團則僅限於常務次長、副次長及各部司處長，這種開放性（open structure）的職位，當該層級的文官職位出缺時，可進用別機關別種類的人員。一九七一年科學職級（scientific classes）改爲科學職組（science group），次年則改爲專門技術職組（professional and technological group）。儘管傅爾頓委員會所提的建議，付諸實施的很多，但是在人員進用有關「社會及教育背景」及「用人唯才，適才適所」方面，卻難以獲得進展。

整體上，上述文官改革正與部長責任制的原則並行不悖，它並未使文官的結構與功能發生重大的變革。傅爾頓委員提出報告後之十五年間，對於所付諸實施的建議事項，一直有所建議。雖然某些事項頗有成效，惟其立案精神並未實現，所預期的效益亦未獲得。當然，欲改變英國文官既存的體制不是件容易的事，更何況這些改革，需要文官去執行，那就難上加難了。傅爾頓報告失敗的原因，有人認爲它太遷就現行體制；有人認爲是文官故意的阻擾。該委員會的一位委員曾說：「本委員會的工作重點即使文官更專業化及更負責任，但是此項改革卻陷入困境或被人視爲是虛應故事」（Kellner and Lord Growther-Hunt, 1980:98）。

傅爾頓報告可能出於錯誤的診斷，以致於成爲一張非盡善盡

美的改革藍圖。該報告強調文官「業餘的」性質,實在容易令人
誤解。該報告作者之一,後來承認:「它應該是屬於文官究竟是
專業通才(professional generalists),抑或專業專家(professional
specialists)的一場嚴肅性的辯論」(Kellner and Lod Growther-
Hunt, 1980:30)。

　　該報告對於「用人唯才,適才適所」的考量很多,惟對其本
質應如何,並未加以規範。該委員會對於高級文官未具備專業知
識而感到惋惜,於是建議任命行政方面的專家及部長顧問,並加
強文官在職訓練。行政專家的缺乏,可能與「政治中立」的原則
有關,然而該委員會並未察及。夏普(L. J. Sharpe)所謂的「永
業性中立文官的代價」(the costs of a permanent neutral civil
service),於是有此等建議(Sharpe, 1977:67)。

　　傅爾頓報告對於文官的進用有下列三點不滿:第一是新進人
員大都是中產階級、男性、牛津與劍橋的大學畢業生(一九五九
年至一九六三年間直接進入行政級之人員中有85％係來自牛津與
劍橋);第二是新進人員大都是在大學裡主修人文與藝術學科的
(一九五九年至一九六三年間大約有二分之一以上的人員是學歷
史與古典文學的);第三是未能使更多的專家晉升至較高的職
位。所以該報告建議任命更多的專家如醫生、會計師及科學家等
至高階的行政職位上,以及加強法律、經濟學、財政及政策分析
等方面的在職訓練。

　　對於傅爾頓報告所提出的上述批評,吾人欲針對其各點加以
駁斥。首先就其所謂社會制度與高等教育方面來說。假如牛津劍

橋的畢業生，比其他學校的畢業生更有志於從事文官工作，那麼多的牛津劍橋畢業生應甄文官考試，就不值得大驚小怪了。牛津劍橋畢業生較有自信，善於表達，所以在文官考試面談方面表現得可圈可點。何以如此，主要的是此二個學校，鼓勵該校學生以從事公共行政爲己志。社會的獨特性（social exclusiveness）是英國政治精英的特色，同時亦是其他國家高級文官的特色，這是非常自然的事情（例如在法國60％高級文官均出身於具有文官背景的家庭，參加競爭性的文官考試，並且社會地位很高）。

第二點批評的著眼點在於文官應該做什麼以及評估什麼是相關的訓練。現狀的維護者辯稱行政官員的重要工作就是著重於一個部門的特別政策，他們必須對部長提供建議以及瞭解部長的想法，此類工作並不需要專業知識，擁有專門知識易鑽牛角尖，與現行政治環境格格不入。但是另一方面來說，改革者則辯稱，由於經濟與技術日新月異，文官必須具備專業知識，方能提供有效的建議及制定更佳的政策。

傅爾頓報告中，一個更進一步的問題就是誤將業餘主義（amateurism）及通才主義（generalism）視爲一體兩面。正確的說法就是文官應該是通才，而不是業餘者。常務次長是通才，曾在四個或更多的部門工作，平均一個職位工作至少三年。他們擁有人文學科（主要的是歷史或古典文學）的大學文憑，一直反映著十九世紀時馬高疊爵士（Lord Macaulay）所主張的原則，即所學與工作無需直接相關，如此使得他們能夠以廣闊的心胸面對問題。然而高級文官在英國政府工作，處處表現出專家的形態，

他們將不同的觀點與論調，予以協調折衷，並將部長的構想，擬
具成可行的方案。該委員會的報告，對於如何測試應考人的「相
關」知識，同樣的一無所知。

　　傅爾頓報告建議文官進用應該有所變革，即所有新進人員必
須通過筆試、三天的性向測驗與面談，及決選面談，如此每年選
出二百多個行政練習員。該報告提出之後，人員進用及專家晉升
的社會背景起了些微的變化。一九七五年至一九七七年間，對外
公開招考的行政級人員，有60％以上來自牛津劍橋，將近60％的
人員是文學學士。可見影響牛津劍橋學生及昔日高級文官之後代
參加文官考試之社會因素，依然存在。專家晉升至司處長以上的
比例由占所有行政官員之38％增加至41％。

　　許多行政官員可以升至副司（處）長（assistant secretary）。
晉升至副司（處）長級以上職位，通常由財政部及文官首長
（Head of the Civil Service）依據他們的能力、年資、聲望以及其
個人爲財政部官員接受的可行性等來決定。常務次長係由首相參
酌資深常務次長的建議（彼等組成一個高級主管選任委員會
[Senior Appointments Selection Committee]）及該部部長的意見而
任命。在財政部工作多年的文官有較好的機會獲得高級職位，這
部分因爲該部一向招考些自命不凡的新進人員。一九六九年年底
一項對二十三位常務次長所做的調查研究報告顯示，所有的常務
次長年齡均在五十歲左右，十六個是牛津劍橋畢業生，十八個曾
在財政部、內閣辦公室或首相辦公室工作過（Kellner and Lord
Growther-Hunt, 1980:190-191）。

文官升遷大部分依據其個人的才能、經驗、工作績效,並獲得高級主管的批准。所強調的才能係指起草文件、制定政策、向各委員會提出個案並獲其同意,這些需要可靠勝任,而不需有冒險與創意的人,所以說此種角色學習的過程,同樣的受到高級文官教育與社會背景的影響。

高級文官他們以前曾在別的部會工作過,所以並非完全是通才。文官在許多方面有如一個封閉性的公司。大部分的新進人員直接地來自大學畢業生,年齡在二十一或二十二歲左右,一直待至退休為止。新進文官超過三十歲的很少。某些人可能很早就退休,轉至私人企業與國營事業中工作,但是從私人或國營事業中轉任文官者少之又少。西歐國家中許多高級職位由專家及技術官僚來擔任,在這些國家之中,高級行政官員必須接受法律方面的訓練。在美國,高級行政官員則必須接受管理或公共行政方面的訓練,然而在英國,則著重於行政通才的培養,使高級文官能採較為廣泛的政策觀點,而不偏頗於某一政黨。

通常文官是不太歡迎「外來的」空降部隊(outsiders),兩次世界大戰期間進用了許多「外來者」可以說是例外的情況。文官對於「外來者」的抗拒,一方面是起源於文官永業化的理念,以及害怕政治任命的「外來者」成為永業文官與部長間的一層障礙,並將所有的工作予以政治化。另一方面是因為高級文官他們之間有個共同的願望,即以功績與年資作為晉升的主要依據,而不是憑著黨派的關係獲得升遷。

傅爾頓報告支持「文官政治中立」之觀念,但是該報告卻亦

暗中地接受政治事實，提議任命「外來者」以提供一些專家與技術才能。一九六四年工黨政府臨時任命一些人如新聞記者與經濟學者等，在經濟部（Department of Economic Affairs）工作（Brittan, 1969）。

一九七〇年保守黨政府進用了六個政治顧問與企業家至文官部工作，他們之中有一些人被列為臨時性文官，由政府支付薪俸，其他的人則由保守黨支薪。這個制度在一九七四年為工黨所擴大，任命了三十五個臨時性之文官，於是部長有了政治顧問，首相建立起屬於自己的政策單位。這一制度迄今仍為執政的工黨政府所採行。這些顧問是政黨的支持者，協助部長從事研究、處理選區事務、聯絡後排議員與政黨總部、撰擬演講稿，以及對文官所擬文件提供意見（Klein and Lewis, 1977）。

引進「外來者」至政府部門工作，實施迄今已有很長的歷史。雖然許多人懷疑高級文官所堅守的三原則──「公正」、「永業」與「匿名」，是否值得去交換它的「政治中立」，但是實行有效的法國部長個人顧問團（French Minister's Team of Personal Advisers），尚未在英國完全地呈現。

第四節　文官與部長之關係

每一個部長私人辦公室由私人秘書及三位私人助理秘書組成。有趣的是每個部長與私人秘書及該部常務次長經常接觸，遠

超過與其他內閣部長或國會議員。部長私人辦公室為部長與該部之間的橋樑，處理部長經常性的業務，諸如接聽電話、安排會客及向部長做每日之工作簡介。該辦公室過濾所有的文件及訪客，並決定何種文件或訪客，部長應看或應予以接待。部長對問題的決定主要地依據該問題的政治敏感性、資源需求的重要性及政治判斷的要求（Headey, 1974:41）。

　　高級文官政策決定角色的一個重要部分就是知悉部長的心理。換句話說，他們必須起草文件、討論問題，以及對其他部會的方案採取因應的措施。他們不僅需要政治知識，而且需與部長心靈相通（empathy）。許多部長已經公開宣稱，對於文官的協助，表示由衷地感激。但是另一方面，凱色爾（Barbara Castle，於一九六四至七〇年及一九七四至七六年工黨執政時，擔任過部長）曾抱怨：「部長是單獨的，他有如短距離賽跑者般的孤獨……文官的事務占滿了部長的時間……我必須懇求我的私人秘書為我爭取半個鐘頭與我的選區秘書商談」（*Sunday Times*, 1973）。

　　大部分的部會有其一定的工作規範，即文件的修改或批准，均需層層往上呈至常務次長。某些部長有意地想獲知低階人員的觀點，所以鼓勵他們在其面前辯論政策問題。文件最後呈給部長時，必須列出採取某一政策的正反意見，甚至在該文件的最上一頁附有一些建議，以供部長決策時的參考。由於部長對該項政策缺乏體力或興趣，或受制於他的文官，對於建議事項那一頁以下的所有文件，可能不會去翻閱，因此此種現象有如海地（Bruce Headey）所謂部長是「政策合法者」（policy legitimator），而不

是「政策抉擇者」(policy selector)(Headey, 1974:41)。

海地發現他所訪問的部長中有一半認爲他們是政策的創始者,其他一半則認爲他們的主要角色就是從文官提出的各種方案中選擇一項而已。

部長及其所屬的高級文官都想爲其部會贏得最佳的聲譽,然而兩者的角色卻不相同。部長的政治聲望主要來自他對外界的影響,諸如壓力團體、政黨黨工人員、國會、其他部長同僚及大衆媒體等。他的一切作爲必須公開,私自的行事並不能使他獲得政治籌碼。因爲他不能僅有二年時間推行他的政策、評估政策的優先順序,及政治時機,所從事的冒險有異於文官。另一面來說,文官的聲望主要在於文官同僚的尊敬,而不是部長的尊重。文官有興趣於英國政府的工作及維持整個文官群體的士氣。令人尊敬的文官是健全的、可靠可信的、知道如何進行工作,並能與其他部會相互合作的。文官的工作就是將一切可能的方案呈給部長,使其能從中擇一可行的方案。高級文官的工作大部分是內向的(introverted)及室內的(in-house),大部分的時間花費在諮商、協議及參加部內部外的各種會議上。換句話說,他是以英國政府的標準而不是以部會的立場來考量。他的工作就是提出各種方案及建議採取某一方案,然後由部長爲整個政策負全責。文官如果是政策的創新者,可能引起許多爭議,並使部長陷入困境中。一位美國觀察家已經注意到此一點,他曾說:「英國制度並不鼓勵文官主動獻身於政策,因爲他們必須服務不同的部長,並推行不同的政策,所以高級文官越可能是滿足者(satisfiers),而不是創

新者（innovators）」（Neustadt, 1961）。

何者爲高級文官不爲之事，值得吾人注意。他們不直接提供或管理服務；這些事務均由自主性或準自主性的組織爲之，諸如國營事業、英國國家廣播公司（BBC）、大學補助委員會及獨占委員會等。

一般來說，英國文官經常是堅守工作本位，他們不像美國的文官經常在聯邦政府、國會、工商企業及大學間互相穿梭，隨進隨出的更換職務。英國文官除了執行某些檢查性的業務外，他們並不控制或監督人民的行爲；警察及法院不被人視爲是行政機關的武器。

怎樣成爲一個良好的部長，文官間有其共同的看法。他們喜歡部長是果斷的，及時決定政策並使政策能貫徹，爲其部會爭取利益。海地發現大部分的文官均喜歡部長去創新政策。他們同樣地感激部長能迅速地閱讀並瞭解他們的文件。柯若斯蘭（Anthony Crosland）說明部長需要耐力及堅持，即在各部會爭戰之中，需成爲一個令人討厭的人（a bloody nuisance）（Kogan, 1971:167）。

部長如果能在部際爭戰中，贏得其應得的利益，以及在民眾與國會之前提出好的工作績效，對於該部的士氣影響甚大。相反地，部長能力較弱，其所屬文官就必須花費相當的時間以減少損害該部的利益。

資訊的流通與閒話的流傳能很快的散布在英國政府各單位之中。吾人能夠很容易地獲知各部門政策推行的進度，因爲這將影

響各部門的政策立場。資訊或閒話的協調與交換，通常是以非正式場合及「必須知道」（need to know）為基礎，雖然很費時，但卻是必需的。某些部會之間的合作關係則是建立在文官及部長個人關係上。英國政府處理各部間的爭議時的策略是維持整體性的和諧，並鼓勵彼此間的合作，這包括：(1)尋求一致意見時，常採取拖延的方式（delay）；(2)內容模稜兩可（ambiguity），以妥協雙方的歧見；(3)語意矛盾（contradictions），以滿足敵對者的要求（Kavanagh, 1985:257）。

英國政府許多的正式協調（formal co-ordination）是透過部際官員或委員會來達成。官方的協調委員會由各部的高級文官組成，他們的部長為內閣各委員會（cabinet committees）的成員。他們準備內閣委員會的議程，以及企圖在部長們討論某一問題前事先達成某些協議。內閣畢竟是集體對政策負責，高級文官期望他們的部長能按照事前的協議進行會商。除了高級文官之外，尚有職位較低的文官參加協調委員會。參加該委員會的文官，是該任務編組的成員，而不是該部的發言人。另外，在內閣討論之前，常務次長每週集會討論有關事項。

上述制度在部長與文官間將造成一場緊張狀態，因為文官在協商委員會中所達成的協議，可能事先封殺了部長選擇方案的機會，因而部長對於該問題的重新提出會感到猶豫不決。但是這就意味著「協調」。各部門超踰其職權範圍，協調委員會對其產生一種牽制的力量。委員會成員不僅要閱讀各部的方案或為其部門利益辯護，而且要為政府擬訂詳細的政策。關於此點，某些部長

已經有所怨言，例如一位部長曾提到他的文官首先忠於該部，其次忠於財政部，再其次才效忠於他。許許多多的事必須由文官解決，否則部長的工作將負荷過重。基本上部長花費其一半的工作時間在該部業務上，其餘的時間則花在國會及公共關係事務上。

同樣的，文官亦花費大部分時間在國會工作上。傅爾頓估計高級文官花費五分之一的時間在準備國會所提的問題、起草立法案件、草擬講稿，以及與國會議員聯繫（HMSO, 1968:119）。

國會工作的壓力在蘇格蘭事務部（Scottish Office）、衛生與社會福利部，以及環境部（Department of the Environment）中可以感覺得出來，因為這些部門必須討論許多國會的問題（Headey, 1974:137）。

上述部門與貿易及工業部，同樣的有相當沉重的立法計畫（Headey, 1974:168）。

英國中央政府並非是一個完全統一的獨石（monolith），而是由於不同的傳統、問題與遊說，不同的成員所組合而成的部門，所以執行工作是以不同的政治—行政型態（politico-administrative styles）為之。

最後，吾人欲瞭解文官的工作，則必須說明他們的工作環境及所受的限制。工作模式及官僚體系的型態大部分由歷來法令規定的義務及政治的要求所形成的。皮特（D. Pitt）與史密斯（B. Smith）認為文官工作受到五種限制（Pitt and Smith, 1981:Chap.2）。

第一，該部所做的決定，須與發言人相商（consult），以維

護該部的利益。第二是合法（legality），即禁止官員從事不法的行為。第三是效率（efficiency），即經費支出必須用在經過授權的工作上，以及確保納稅人所支付的錢，得到最大的效用。第四，對民眾負責（public accountability），即在國會中採取質詢及辯論方式，達到此目標。第五，討論問題必須合理（reasonableness），行政弊端易為人所注意與研究，甚至為國會的行政委員（Parliamentary Commissioner for Administration）所揭發。

文官執行工作受上述五項限制及遭受國會、法院及行政首長的批評，有時表現得謹慎行事與保守的作風，這是不足為奇的。如果期望文官更主動積極，這很難與其所受的壓力妥協。高級文官處理國會事務，其目的即在於溝通與負責，所耗的20%工作時間，可以說是對整個政策所付之代價。

第五節　文官的權力

最後一項問題，吾人必須考慮的就是文官以內閣責任制為藉口，而有效地執行其廣泛的權力。這種指控通常引起不同的怨言。其中之一就是官僚體系是保守的，它對長久以來所建立的工作方法甚為滿意。例如各部對不同的政策方案有其特殊的偏好，有值得信賴的人與團體以供諮商，甚至於還有被視為「智慧寶庫」（stock of departmental wisdom）的常務次長可以指導方案。此種

「智慧」係經由各種委員會中交換意見、非正式的討論，及長期與同事工作在一起等經年累月逐漸形成的。在此種環境之外，行政官員對於傾向於革新的部長感到懷疑，從而希望部長能瞭解到「理想政策之實際面」（the practical aspects of idealistic policies）。根據一位國會秘書所言：「因為文官對其工作的實際性已經感到麻木，他們覺得此種工作方法應該加以改善」（Young and Sloman, 1982:31）。

在英國中央政府中，文官已經成功地吸收了其他權力中心，或將其他權力中心予以中立化。中央政策評論員制（Central Policy Review Staff）成立於一九七○年，為一外圍團體，不隸屬任何部會，其首任主席羅斯蔡德爵士（Lord Rothschild）退休之後，立刻為有經驗的文官所接任。同樣地，文官支配或接管外在的顧問委員會，如獨立的大學補助委員會（Kellner and Lord Growther-Hunt, 1980:222-224）。

另外一點聲明就是文官與部長工作的情境，使得文官權力日益膨脹。部長工作的壓力、國會與政府文件的數目、選區及政府的責任、部長本身在該部某些方面的缺點、在辦公室時間非常短暫，以及部長與文官之間人數的懸殊等，均意味著部長必須力爭上游了。由於文官的數目很大，使得「政治控制」非常困難。一九○○年時，與政治有關的成員為六十人，文官則有五萬人；一九八○年時變成一百人，文官則增至七十五萬人。但在許多方面功能的擴張，文官必須以部長之名運用裁量權及作成各種決策。部長的工作是將他的政治價值、政治上的優先順序，以及他自己

想研究的問題等告訴文官。然而在分析不同方案、建議採行何種方案等過程，同樣的賦予文官很大的權力。修爾（Peter Shore）在其當部長之前，曾抱怨說：「權力的政治本質係來自永久性的職位對於資訊的選擇與處理，來自於非常嚴格的官僚體系紀律及秘密的鐵幕裡」（Shore, 1966:12）。

政客與文官之間存在某些緊張關係是不可避免的。某些部有該部一向的觀點，部長必須與之妥協，例如外交部從一九六○年中期以來即支持歐洲共同市場、財政部喜好所得政策等。但是各部一向的作風隨著它經歷過各種事件、政治壓力以及加進了新的部長與文官而為之改變。在某些方面，誠如研究反對黨政治的批評家所言，政策與立法變化得非常迅速，足以因應部長的構想。另一方面，對於文官有太大的權力與太多的成員的怨言，正反映出：「超人與超級老鼠成為極不相配之夥伴」（superman and supermouse make odd bedfellows）（Heclo and Wildavsky, 1974:Xiv）。

抱怨部長工作負荷過重，說明了現代政府擴大責任的趨勢，並不僅僅英國獨然。柯若斯蘭認為部長須花費二年時間學習及精通部內事務（Kogan, 1971:43）。

部長可以加強他們私人辦公室以及採取法國內閣制度的形式，即運用私人及政治的助理。部長成功地應付此沉重的工作，並在某些重大問題上贏得很好的聲譽。他們儘可能的將例行性與非急迫性的業務授權給文官來處理。

一個特別具有殺傷力的指控就是文官干擾了部長。這些指控

通常出自工黨的左翼份子（Kellner and Growther-Hunt, 1980）。

克羅斯門（Crossman）在其日記中描述他當部長時與文官的衝突情形，以及賓恩（Mr. Benn）覺得他在一九七四年至一九七九年間亦有相類似的情況，即：方案的說明遲遲地呈上來，以致部長很難拒絕文官所建議的事項；或者部長為瑣事所困；或者文官不同意部長之政策，變得不太熱心而妨礙政策的推行。

一九八二年，首相柴契爾夫人政策單位之前任負責人——何斯京思爵士（Sir John Hoskyns）宣稱一些高級文官是失敗主義者（defeatist），他們缺乏信心與能力去執行首相的政策（Hoskyns, 1983）。

他主張政治上同情執政黨政府的官員，應該多多的予以任命。因而柴契爾夫人很積極的任命文官，並且提拔支持她政策的文官。

如果我們很仔細地評估昔日工黨政策的失敗原因，文官的干擾並非是主要因素。工黨於一九六七年成立土地委員會（Land Commission），其目的在於購買土地、建造房屋，以緩和房屋價格之上漲。這個計畫失敗，與其說是文官的阻礙，不如說是整個計畫不切實際。賓恩在一九七四年至七五年間擔任工業部長，抱怨文官使其工業法案（Industry Act）受挫。實際上，當時的威爾森首相與大部分的內閣閣員都不支持該法案。有許多個案顯示出文官所提的建議為部長所推翻，例如一九七六年的「克萊斯勒援助計畫」（Chrysler Rescue Plan）及一九七一年的「工業關係法案」（Industrial Relations Act）。因此有人說：「只要實際

（reality）與繼續（continuity）的因素能夠限制或必須限制部長的作為，那麼文官就享有很大的權」（Young and Sloman, 1982: 110）。

相反地，如果部長提出新的政策並堅決地反對上述所謂「實際」與「繼續」因素，那部長就非常的具有影響力。

保守的批評家認為文官是浪費、用人過多以及官樣文章。一九七九年保守黨在大選期間的競選諾言之一就是減少政府支出及文官的人力。柴契爾夫人上台後，立即任命瑞納爵士為政治顧問，以督促各部門增加效率，減少浪費。一九八三年保守黨政府擬訂人力計畫規定，在一九八四年四月一日前，文官及外交官的總數目為六十三萬人，這是一九四五年來首次最低的公務人力的成長。保守黨政府廢除了文官薪資協商制度，並於一九八一年撤銷了文官部，另成立管理及人事局。一九八二年提出「財政管理方案」（Financial Management Initiatives），即各部門應先確立其政策目標，依據目標衡量其工作績效，其目的在於控制成本及對文官人力作有效的運用。從上述各項措施來看，柴契爾夫人對文官具有很大的影響力。

對於文官阻擾部長一事，吾人可以海地研究的成果予以反駁。海地於一九六九年間訪談了五十位新舊部長，他們對於文官均給予一致的好評與感激（Headey, 1974:11）。

五十人中僅有五人對文官徹底批評。高級文官的公正性，廣泛地為人所接受，主要依賴於二個主要政黨領導者之間對於某些重大問題均有一致的看法。在此狀況下，一個政黨不太可能拒絕

它的前任者的政策。無論如何，近年來二個主要政黨間意識形態的不同，使得文官更難為人視為「超乎黨派之外」（above party）。這可能就是為什麼柴契爾夫人主政期間，文官將秘密文件洩露給新聞界或反對黨的國會議員的事件層出不窮的原因了。

第六節　結語

英國政府的效能是部長與高級文官能力與努力的成果。他們雙方皆來自中產階級、大學畢業生，而且都是通才，即他們不是以專家身分進入政府機關任職，他們的工作經驗係從工作中獲得的。一般來說，假如部長平均每兩年換一職務，那麼高級文官就是平均每三年更換一工作。

文官的缺點正是政客與民眾對科層體制所做的批評。他們抱怨文官工作緩慢、謹慎、缺乏創新，正與文官經常為人所稱道的——工作公正、公平及周到等是一體兩面，很難予以劃分。外界經常對文官有不同的要求，諸如對政治性考慮之警覺，或執行執政黨的政策，或要求他們成為很有自信與事事干預的文官。法國高級文官很自信地為長期性及新的政策負起責任，從這一點比較起來，英國文官的確較為遜色。

這是因為法國科層體制歷經法國第四共和多黨林立與政治不穩定而不受其影響，始逐漸發展成其特有的性質。上述對英國文官不同的要求，很難加以整合。要求文官對政治性考慮的警覺及

認眞執行政策，這需要一些在政治上奉承的文官；然而要求他們成爲很有自信及事事干預的文官，就必須有一些超然的文官，不受政黨政治的影響。

英國文官也許在政策上，可以採取公衆的立場並執行此一政策。美國已經經由「隨時進退」（in and outers）的人員進用程序達成此一目標。總統經常任命學有專長或某一方面的專家，以監督某一政策。一位曾經當過常務次長的人說，經常性要求他採取政治中立立場以及對政策壓抑自己的觀點，正如無精打彩的人一樣做事不能持久。公正永業化的文官可能的缺點就是必須去對抗政治上營私舞弊、官員的離職、政策的不連續，以及士氣低落（Sharpe, 1977）。

吾人認爲如果欲使文官提出更多政策的構想，則必須與現存政治控制的原則達成協議；如果欲使文官在政治上能做更多的回應，則必須與文官中立與永業化的原則妥協。然而這些妥協在英國並非一蹴可及之事，的確是需要時間與經驗的。

參考書目

Brittan, S. (1969). "The Irregulars," in R. Rose (ed.), *Policy Making in Britain.* London: Macmillan.

Chapman, R. (1970). *The Higher Civil Service in Britain.* London: Constable.

Headey, B. (1974). *British Cabinet Ministers: The Roles of Politicians in Executive Office*. London: George Allen and Unwin.

Heclo, H. and Wildavsky, A. (1974). *The Private Government of Public Money*. London: Macmillan.

HMSO (1968). Report of the Committee on the Civil Service 1966-1968 (Chairman, Lord Fulton), Cmnd 3638, Vol.5. London: HMSO.

Hoskyns, J. (1983). "Conservatism is not Enough," *Political Quarterly*, 1983.

Jones, B. and Kavanagh, D. (1987). *British Politics Today*, 3rd ed. Manchester University Press.

Kavanagh, D. (1985). *British Politics: Continuities and Changes*. Oxford: Oxford University Press.

Kellner, P. and Lord Growther-Hunt (1980). *The Civil Servants*. London: Macponald.

Klein, R. and Lewis, J. (1977). "Advice and Dissent in British Government: The Case of the Special Advisers," *Policy and Politics*, 1977.

Kogan, M. (1971). *The Politics of Education*. London: Penguin.

Neustadt, R. (1961). "White House and Whitehall," *Public Interest*, 1961.

Parris, H. (1969). *Constitutional Bureaucracy*. London: George Allen and Unwin.

Peele, G. (1983). "Government at the Centre," in Henry Drucker (ed.), *Developments in British Politics*. New York: St. Martin's Press, pp.95-98.

Pitt, D. and Smith, B. (1981). *Government Departments: An Organizational Perspective*. London: Routledge.

Sharpe, L. J. (1977). "Whitehall-Structures and People," in D. Kavanagh and R. Rose (eds.), *New Trends in British Politics*. London: Sage.

Shore, P. (1966). *Entitled to Know*. London: MacGibbon and Kee.

Sunday Times (1973). "Mandarin Power," *Sunday Times*, 11 June, 1973.

Young, H. and Sloman, A. (1982). *No Minister*. London: British Broadcasting Corporation.

第五章

英國三次重大文官改革

第一節　前言

從事文官制度之比較研究，首須重視英國。蓋因英國文官制度之影響所及，至為廣泛。尤其是在東印度公司（East India Company）所實施之文官制度，對印度、東南亞各國及非洲國家之影響更為廣泛。這些國家多為英國之殖民地，彼等對英國文官制度或整個採用，或部分採用，大體不離英國文官制度之藍本。

在英國文官制度的發展史上，依時間的序列有三個重要的分水嶺（watershed）：第一，為西元一八五四年諾斯考特與崔維萊恩兩位爵士所提出知名的「常任文官組織報告書」（The Report on the Organization of the Permanent Civil Service），此一報告書乃奠定了英國後來百餘年來文官制度的基礎。第二，為西元一九六八年傅爾頓報告所提出的各項建議，使英國文官制度又面臨重要變革，並進入新階段。第三，為西元一九七九年五月至一九九〇年十一月柴契爾政府所從事的「管理革命」，以三E改革策略：經濟（economy）、效率（efficiency）與效能（effectiveness）等三個層面來評估文官制度功能，推動改革行動，使得文官制度之體質發生重大的變化。

基本上文官的改革是個人與團體之間對於所謂「大有為政府」應該採取何種立場的一連串的政治性辯論。這些政治性辯論的結果，對於文官制度的建立是非常重要的，因為此關係著文官的政

治中立、對於政治領導的回應、行政責任、文官的專業能力，以及公眾道德的表現。然而對於誰來當統治者以及對於整個國家發生何種程度的影響來說，卻是意義深遠的（黃臺生，民77：17）。

　　一個國家的文官制度，非一朝一夕而成立的，是經過漫長的歷史演變而來的，英國自不例外。筆者認為上述英國文官制度史上的三個重要分水嶺，係處於此一類似的政治性辯論之中。本章擬分別就此三次重大文官改革予以概述，並就文官改革的本質、規模及所獲得的啓示予以說明，俾使吾人能對英國文官改革得到整體性的瞭解，進而作為我國政府機關人事制度改革的參考。

第二節　西元一八五四年的「諾斯考特與崔維萊恩報告」

　　英國現代文官制度建立於十九世紀下半期。在此以前英國實行所謂的「贍恩徇私」制度，政府人事的任用、調遷和升降均操在英王和貴族手中。彼等視政府之職位為私產，贈送親友或酬庸僕役，致使吏治腐敗，效率低落。西元一六八八年以後，國會取得最高權力，官吏的任用為國會中多數黨所掌握。政黨領袖利用權勢用人唯私，浪費公共財政。隨著國家的活動日漸增多，政府職能擴張，需要一個效率高的行政機構。從十八世紀末期已經感到需要進行改革。一些有識之士，乃推動所謂吏治改革運動，茲將重要的改革以編年紀事的方式略述如次（Drewry and Butcher,

1988:34）：

◆西元一七八〇年

伯克（Edmund Burke）發表有關經濟改革之議，主張裁減官員以減少以官職爲酬庸之工具。導致國會成立第一個委員會調查公務機關的會計帳目與行政管理。

◆西元一七八二年

對政府各部門進行重組，成立內政部與外交部。西元一七九四年成立陸軍部（War Office）。

◆西元一八〇六年

東印度公司的負責官員創立了哈里伯瑞學院（Haileybury College），負責印度文官的職前訓練。崔維萊恩即從此學院中受訓出來的。

◆西元一八一〇年

制定有關文官退休撫卹法案，並開始引起國會關切，而由財政部主其事。

◆西元一八三四年

退休金法賦予財政部對於一八二九年所提出的備忘錄具有法定的效果，明確保障文官退休給與的權利。

◆西元一八四八年

成立多方面支出委員會（Committee on Miscellaneous Expenditure）。崔維萊恩提出對財政部與其他政府部門組織的檢討與改革計畫。

◆西元一八五三年

　　法案規定印度文官之甄選必須採用公開競爭考試之方式。諾斯考特與崔維萊恩二人為首的委員會，調查和研究當時文官的錄用和使用的情況。

　　上述改革者呼籲與進行改革的結果，直到西元一八五五年英國政府採行諾斯考特崔維萊恩委員會的建議設立「文官委員會」以後，現代文官制度才算初步建立。

　　如上所述，早在西元一八四八年時，英國政府為了改革吏治，成立了以諾斯考特與崔維萊恩二人為首的委員會，調查和研究當時文官的錄用和使用之情形。西元一八五三年十月他們兩人提出知名的「常任文官組織報告書」，一般稱為「諾斯考特與崔維萊恩報告」，該報告並於西元一八五四年二月正式出版，長達二十五頁。該報告對文官制度提出五項建議（Garrett, 1980:6）：(1)在政府的控制之下，舉行公開公平之競爭，以取代傳統式的由各部會首長一手壟斷的任用大權；(2)從事技術工作與智力工作的人員，應予明確的劃分；(3)應施行全國統一的甄選制度；(4)各部會之間的升遷和調職應根據功績原則；(5)人員根據功績原則之升遷，須有考績紀錄。這些建議雖不完整，但從此卻提高英國文官制度之聲望。

　　「諾斯考特與崔維萊恩報告」是由於國會關切政府公務「經濟」，而授權其提出，但是他們更進一步地於報告中強調行政效率的提高，必須有賴於政治中立、能力勝任的行政官員。他們的觀念就是要肅清社會腐敗之風氣，在政治與教育上施行「功績政

治」（meritocracy）（Chapman and Greenway, 1980:Chap.1）。執行
該報告的幾位首相，著名的如葛萊斯頓（W. E. Gladstone），對政
府的「效率」與「經濟」關心較少，彼等利用行政改革，結合貴
族與中產階級的利益，以達其政治目的。逐漸興起的中產階級，
趁此良機進入政府機關中服務。其他的人諸如部會首長，他們則
較注重改革是否帶來行政上的便利。在此一階段（即指西元一八
五三年至一八七○年之間）文官改革中的各種觀點是由十九世紀
自由、放任主義以及社會與經濟變遷等交織而成的。

　　「諾斯考特與崔維萊恩報告」對英國公共行政造成了極大的
影響，尤其是主張去除政府用人的贍恩徇私與分贓制度，明定應
考年齡，以競爭考試甄選人員，行政級的高級文官應考選牛津劍
橋畢業生，考試內容以學校所傳授之古典文學、歷史、科學、數
學等課程為主。因為文官改革是一個繼續不斷的過程，當新的政
治與社會的壓力出現時，過去的主張往往很容易地變成被攻擊的
目標。大體上來說，英國第一次重大文官改革是一種政治性的嘗
試，它使得過去為政治與意見領袖視為不負責任的文官，能更勇
於負責。

　　「諾斯考特與崔維萊恩報告」是根據十九世紀下半期英國的
情況所作出的。隨著社會情況不斷地變化，該報告所確定的某些
原則已不適合當時環境之需要，必須隨著環境變遷而有所調整因
應，因此英國文官制度乃能與時代潮流同時俱進，締造出良好的
聲譽。謹將該報告出版之後即西元一八五五年至一九六八年之
間，英國在文官制度的充實與改進方面所做的努力略述如次

（Drewry and Butcher, 1988:34-37）：

◆西元一八五五年

帕模斯東（Palmerstone）首相以樞密院令成立了文官委員
會。

◆西元一八五九年

依退休金法規定，文官須獲有文官委員會的證明，才能有領
取退休金的資格。官方文書中首次出現「永業文官」的字樣。文
官委員會首度用公開競爭考試的方式為新成立的印度局（India
Office）進用八名書記。

◆西元一八六○年

成立了一個文官任用調查特別委員會，由史坦利（Lord
Stanley）擔任主席，調查應徵擔任較低職務文官之任命方式，並
支持公開競爭考試的方式。

◆西元一八六六年

依據審計部法（Exchequer and Audit Departments Act）規
定，設立審計長辦公室（Office of Comptroller and Auditor-
General）（按：下議院的公共會計帳目委員會業於西元一八六一
年設立）。

◆西元一八七○年

文官委員會根據樞密院令確立了公開競爭的考試制度，惟必
須符合各用人部會與財政部的需求。財政部將考試區分為第一級
（Regulation I），應考資格為大學畢業，考試及格後擔任高級職
務，第二級（Regulation II）則為較低職務之考試。

◆西元一八七一年

以樞密院令規定凡未具任用資格的書記亦可任職於政府各部會，惟隨後發現此種方式並未令人滿意。

◆西元一八七二年

以財政部備忘錄（Treasury Minute）確立了「各部會的常務次長監督有關會計業務」的原則，此一原則於西元一九二〇年被進一步地確認。

◆西元一八七五年

提出普列費爾報告（Playfair Report）繼續主張公開競爭考試；建議在高、低兩級文官之中，再加以分等，改進抄寫員（writer）的地位；加強財政部協調的角色；增加女性任公職的機會；擴大文官在各部會之間的調任。

◆西元一八七六年

以樞密院令設置低級文官職組，可適用於大多數的部會，惟高級文官職組則係依個別部會的需要來設置。文官協會（Civil Service Unions）首次出現。

◆西元一八八四年

文官一旦成為國會議員，應辭去職務。

◆西元一八八六年至一八九〇年

瑞得利委員會（Ridley Commission on Civil Establishments）提出四份報告，建議高級文官的考試科目應與大學相關課程一致；並建議將低級文官職組改稱為第二級文官職組，此一建議為政府所採行並於西元一八九〇年以樞密院令公布。高級文官職務

仍然以個別部會的需求來設置，有關的一般俸表直至西元一九一九年才制定。

◆西元一九○一年

內閣國防委員會以業務實際需要設置秘書一職，成為一九一六年內閣秘書處的先聲。

◆西元一九一○年

以樞密院令授權財政部至少每隔五年要調查一次各部會文官之待遇與員額狀況。

◆西元一九一二年至一九一五年

麥克唐尼皇家文官委員會（MacDonnell Royal Commission on the Civil Service）提出六份報告，建議成立專門性職位的公開競爭考試制度、設立財政部人事處（Treasury Establishments Division）、將文官的職等統一併入三個職級。

◆西元一九一八年

哈爾登政府組織委員會（Haldane Committee on Machinery of Government）提出報告，說明財政部對政府組織控制的負面影響及所引起的摩擦。

◆西元一九一八年至一九一九年

布瑞德伯瑞委員會（Bradbury Committee on the Post-War Civil Service）提出贊成設立「財政部人事處」的意見。

◆西元一九一九年

財政部制定副次長（Deputy Secretary）以下行政級人員的一般俸表。財政部人事處的設立是該部組織重組的重點項目之一。

人事處的官員被分派到各主要部會任職。

◆西元一九二〇年

　　常務次長和副次長的任免或調任須經首相的同意，各部會重要的人事與財政官員須與文官首長（head of the civil service）商議後任命。以樞密院令授權財政部制定有關文官的規範。新成立的全國惠德利會議（National Whitley Council）所屬之「重組委員會」（Reorganization Committee）贊成麥克唐尼委員會有關職級的建議。依樞密院令將文官區分為書記、執行、行政職級以及打字職級。

◆西元一九二九年至一九三一年

　　姆湯林皇家文官委員會（Tomlin Royal Commission on the Civil Service），建議在考試科目方面應加重口試或面談的比重。

◆西元一九四三年

　　巴爾羅報告（Barlow Report）提出科學人員應設置科學職級以資因應，並獲政府採行。

◆西元一九四四年

　　艾斯頓委員會（Assheton Committee）對於文官的訓練提出報告，導致財政部於一九四五年設立教育司（Education Division）。

◆西元一九四六年

　　廢除女性公務員婚姻之限制。

◆西元一九四八年

　　曼斯特門委員會（Masterman Committee）提出有關文官政

治活動的報告。

◆西元一九五二年

政府同意女性公務員享有同工同酬的待遇。

◆西元一九五三年至一九五五年

普力斯里皇家文官委員會（Priestley Royal Commission on the Civil Service）提出文官的待遇應遵守與民間企業「公平比較」的原則。待遇研究小組（Pay Research Unit）於西元一九五六年成立。

◆西元一九六一年

普羅登公共支出控制委員會（Plowden Committee on Control of Public Expenditure）提出有關管理、訓練等方面建議事項之報告。

◆西元一九六二年

由於普羅登的報告，財政部劃分成「財政與經濟」與「待遇與管理」兩個系統。

◆西元一九六三年

由於摩頓（Morton）委員會所提出的報告，導致財政部行政研究中心（Treasury Center for Administrative Studies）之成立。

◆西元一九六五年

設立「政府經濟服務處」（Government Economic Service）。另外，下議院評估委員會（Commons Estimates Committee）要求調查文官的結構、甄選與管理等事宜。

◆西元一九六六年至一九六八年

傳爾頓委員會提出文官改革報告。

第三節　西元一九六八年的「傳爾頓報告」

　　英國自從諾斯考特與崔維萊恩兩人提出知名的報告後，即據此報告所提之原則，來建立文官制度，但此種共識在第二次世界大戰之前已經逐漸地開始粉碎了。首先，由於政府部門增加，功能不斷地擴張，因而關心到文官的權力以及傳統的「部長責任制」的觀念是否能夠維繫一個負責任的文官體系。其次，第二次世界大戰之後，由於英國經濟衰退、社會呈現著悲觀的論調、文官社會地位與聲望下跌故自我反省、政治人物對文官不尊敬及失去信心並認為他們的利益與文官是敵對的、教育擴充以及民主化等因素，導致文官不得不採取新的結構與過程，以適應新的變局（Johnson, 1985:416-419）。

　　傳爾頓委員會的產生是由於專家的、政治的與個人的動機與價值等不同的因素妥協而成的。非常明顯的是學術及一般的論著要求：決策與公開、國會監督應予以加強、羅致更多的專家、更為有效的管理，以及廢除職級結構，上述這些要求都是強調政府應更具「公開性」與「代表性」。他們所提的意見可能相互矛盾，所以在執行時可能會造成不知所措的情況。

　　政治人物所發表的意見經常是令人迷惑的。國會議員一方面

攻擊文官缺乏創新與活力；另一方面批評文官未能反映民意，同時經由國會的委員會建立起文官對其負責的制度（Rose, 1989:90）。在此同時，各種不同的文官團體一方面欲使其成員很容易地進入行政機關工作，或使他們的地位與行政級（administrative class）相當；另一方面保護他們的成員避免受到內在與外在的挑戰。

　　同樣地，高級文官在文官改革中亦扮演了積極性的角色。傅爾頓委員會成立之前，許多行政組織與行政實務已經遭受到批評而尋求改變。但是文官的價值觀往往與外界批評者的價值觀有所不同。文官所關心的是內部的效率、工作順利與否，以確保行政級的地位與特色，以及部長責任制的基本原則。然而外界的批評者則在外面提供部長們各種不同的建議，並欲使行政更符合平等的精神。

　　西元一九六四年內外在的壓力以及政黨政治的關係，促成了文官改革（Greenaway et al., 1992:141-144）。保守黨的道格拉斯一何姆爵士（Sir Alec Douglas-Home）強調傳統和與生俱來的本質，受到工黨威爾森所提出「以科學與管理促進革新」的口號所挑戰（Presthus, 1964:211-216; Barber, 1991:43-45）。一九六四年大選時，工黨對文官提出了批評，認為他們壟斷信息，並閉門造車地制定政策。當時工黨的競選諾言就是要增加延攬科學家與經濟學者進入政府機關服務，並希望透過科學、技術與最佳管理實務的應用，促成英國的現代化。威爾森贏得大選之後，文官改革即開始著手進行。

　　西元一九六五年至一九六九年間，英國政府成立了許多委員
會，針對各種興革事宜提出了不同的報告。其中要算傅爾頓委員
會於一九六八年所提出的文官改革報告最為出色了。該委員會係
由英國蘇色克斯大學（University of Sussex）的副校長傅爾頓等
十二人所組成（其中三人為學者，四人為高級文官，二人為國會
議員，二人為工業界人士，一人為白領工會人士），並由傅爾頓
所領導。該委員會成立於一九六六年二月，主要是要檢討英國文
官的結構、甄補與管理（含訓練在內），並提出改進建議。當時
英國首相威爾森在介紹委員會成立宗旨的演說中曾指出：因鑑於
要求文官方面各項變革的主張業已發生，教育制度也已產生變
化，並且為了確保文官能夠適當地承擔起現代國家中文官的角
色，遂決定成立該委員會（Garrett, 1980:11；許濱松，民82：
63）。

　　傅爾頓委員會的報告，係於西元一九六八年六月提出。該報
告深受該委員會所屬的「管理顧問團」（Management
Consultancy Group）與「社會調查小組」（Social Survey）所獲得
研究發現之影響甚大（Fry, 1991:423-439）。在該報告首章中即開
宗明義地指出：「英國國內文官，一直到今天，仍是十九世紀
『諾斯考特與崔維萊恩報告』哲學之產物。然而，他們所面對的
工作，卻是二十世紀下半葉的任務。這也就是我們所發現並企圖
對它加以治療的原因。」該報告認為，文官的結構與實務，無法
與其所增加的廣泛責任相呼應，主要存在於下述六個方面
（Hennessy, 1990:195）：

1.文官的甄補本質上係以甄補通才爲基礎，尤其是在文官中居於支配地位之「行政級」文官，更是如此。

2.文官中的分級系統，嚴重阻礙文官的工作。

3.對於科學家、工程師與其他專家而言，並未賦予他們所應擁有的責任、權威與機會。

4.文官大都缺乏專業化的素養，特別是「行政級」的成員，他們被賦予主要管理者之角色，惟他們卻視自己爲機關首長的政策顧問，而不是各該部的管理者。

5.文官與社會各界之間欠缺足夠的聯繫，對於外界事務缺乏瞭解，不知如何制定政策去影響它，亦無法從大學、企業與其他各行各業中引進新的觀念與方法。

6.人事管理方面存在嚴重的缺失，遭受嚴厲的批評。例如：永業發展計畫缺乏、資深文官在不相關的工作上異動過於頻繁、對於文官的創新與績效缺乏足夠的工作的激勵與獎賞，而升遷過於依賴年資、財政部不宜兼掌財政及人事管理兩項大權。

由於前述缺失的存在，傅爾頓委員會提出了一五八項改進建議，其中最爲重要者有下列幾項（HMSO, 1968:104-106）：

1.設置文官部（Civil Service Department），接辦以前財政部所負責辦理的人事及組織方面的職掌，同時將「文官委員會」合併於文官部，關於文官的選拔工作仍由文官委員會負責，委員會保持獨立之性質。

2.文官部由首相親自指揮，其日常事務可另由他人處理（按
自該部成立以來，均由掌璽大臣處理實際業務），文官部
常務次長爲國內文官首長或首席（head of the home civil
service）。

3.所有非實業文官的各種職級，應合併爲一個單一的職級體
系。

4.普通職級（general classes）的文官，如行政級及執行級的
官員，均應培養專長，並應分爲財經行政及社會行政兩
類。

5.各部在考選人才方面應有較大職權。

6.設立文官學院辦理在職訓練及職前訓練。

7.應對於轉任、暫時性任命與年金制度的轉換等給予適量的
安排，俾使各類文官之間以及文官和其他職業之間，能有
更多的互相交流。

8.加強目標管理，績效之評量應儘可能客觀。

9.每一行政部門應該有一個管理服務單位，以便對各該部門
之各層面與各層級工作的效率予以審核。

10.各行政部門應設置設計與研究單位，負責長期性政策規
劃。這些設計與研究單位主管，應由「高級政策顧問」
（senior policy advisers）擔任，他們將可直接且毫無限制
地與部長溝通。

11.英國政府應對下列各項從事進一步的調查研究：

(1)將各部的有關業務轉交給「準自主的非政府組織」辦

理之可行性。

(2)對於在決策與執行方面有關不必要的機密應如何去除的方式與方法。

(3)政府對於文官所做的決定在進行調查研究時，應由文官部及文官團體或協會共同諮商之可行性。

(4)文官甄補程序的方法如何迅速且客觀。

傅爾頓委員會所提的報告無疑地是幫助威爾森首相建立起改革者的形象之一種政治性的便利。該報告本身是政治辯論的產物（Greenaway et al., 1992:143-144; Hennessy, 1990:199-203），所以內容模稜兩可，矛盾之處甚多，例如欲產生更專業性的服務就必須增加文官的權力，但是政治人物們卻想對文官做更多的政治控制。儘管該報告的內容模稜兩可之處甚多，但其主要的精神則強調以科學管理的方法來達成有效率的專家行政。

威爾森首相接受了該委員會的三項建議，即設文官部及文官學院、各種職級合併為單一的職級體系。政治人物們所關心的就是他們的措施是否符合大眾需求改革之願望。自此改革業已告一段落，至於改革的細節問題則留給文官來執行。

有人說文官會破壞傅爾頓之改革計畫。另有人持多元論者的論點，認為工會及文官為其本身的利益、國會對細節問題不感興趣，以及缺乏明確的指導原則，因而導致僅部分的執行該報告（Chapman and Greenway, 1980:Chap.3, 4）。無論人們是持何種觀點，漸進的改變是理所當然的。例如採取許多的步驟逐一去改革

職級結構，而不是一蹴可及達成傅爾頓報告所建議的從最高階到最低階的一條鞭之職級體系。一方面因為執行改革的過程是漸進的，另一方面是因為改革是大的政治環境中的一部分，所以對於文官的一點小小批評，在短時間內鬧得風風雨雨，那就不足為奇了。

自從傅爾頓報告提出之後，對於文官批評的聲浪總是不絕如縷。西元一九七三年出版了一本《費邊論文集》(*Fabian Tract*)，要求進行下一步驟的行政改革 (Garrett and Sheldon, 1973)。自此之後，報章雜誌及學術期刊開始又對文官之問題加以辯論。

第四節　柴契爾政府的「管理革命」

西元一九七九年保守黨在大選期間的競選諾言之一，就是要減少政府的支出與文官的人數。柴契爾夫人上台擔任首相之後，開始了她個人長達十一年多 (1979.5-1990.11) 的執政生涯。在這十一年多的時間裡，她致力於文官改革，使得傳統英國文官制度面臨新的轉變 (Thatcher, 1993)，因此，現任英國內閣秘書長兼國內文官首相巴特爾爵士 (Sir Robin Butler) 稱此為「管理革命」(Butler, 1993:398)。

柴契爾首相執政期間陸續進行了一連串的文官改革措施，導致其從事改革的原因已如**第三章第二節**所述。茲將其執政期間所

從事一連串文官改革措施，略述如次（Pollitt, 1990:52-55）：

◆西元一九七九年

　　保守黨政府宣布截至一九八四年四月為止的五年之內，將文官人數減少14%。

◆西元一九七九年

　　柴契爾首相任命瑞納爵士為顧問，以增進效率、消除浪費為宗旨成立了「效率小組」（Efficiency Unit）。瑞納稽核（Rayner Scrutinies）計畫於是開始執行（Fry, 1988a:6-7）。

◆西元一九七九年

　　赫斯汀（Michael Heseltine）將部長的管理資訊系統（Management Information System for Ministers，簡稱MINIS）應用到環境部。此一系統係將該部中各主要的「司」中有關年度的目標、進度與資源等事宜，予以有系統的評估（Smith, 1988:70-71）。

◆西元一九八〇年十月

　　英國政府停止執行「文官待遇研究小組」（Civil Service Pay Research Unit）的研究發現，導致一九八一年三月九日至七月三十日為期二十一週全天候的文官大罷工，最後英國政府抵制成功。部長們不喜歡過去所實施的待遇「公平比較」原則，因為他們認為文官的待遇如與政治性的考量無關，似乎不太妥當（Fry, 1984:327-329）。

◆西元一九八一年五月

　　成立梅高委員會（Megaw Committee）調查文官的待遇，並

於一九八二年元月提出報告，建議一套新的待遇制度，使部長能更進一步地控制文官的待遇。

◆西元一九八一年十一月

　　裁撤文官部，將有關待遇與人力功能移給財政部掌理，加強了財政部的權力。而有關文官的效率、甄補、選拔功能則成立一個新的單位即管理與人事局（Management and Personnel Office，簡稱MPO）來掌理，該局隸屬於內閣辦公處（Cabinet Office）（Greenaway et al., 1992:Chap.7）。

◆西元一九八二年五月

　　宣布「財政管理改革」（Financial Management Initiative，簡稱FMI）方案，施行的範圍及於各部會。

◆西元一九八三年

　　裁撤中央政策審核小組（Central Policy Review Staff），此一相當獨立性策略小組的概念，不為柴契爾首相所喜愛。

◆西元一九八三年

　　在原定精簡文官人數14%之外，又更進一步地提出精簡文官人數6%，使得文官總人數從一九七九年的七十三萬四千人，一九八三年的六十三萬五千人，遞降至一九八八年的五十九萬人（按：截至西元一九九二年四月一日為止，柴契爾夫人雖已下野一年四個月，惟英國文官人數仍續減為五十六萬五千三百一十九人）。

◆西元一九八四年

　　英國政府禁止工會成員加入「政府溝通總部」（Government

Communications Headquarters，簡稱GCHQ），宣稱他們的存在會危害社會安全。此導致文官工會一連串的抗議、停止上班與合法的行動，但是政府仍不改變其決定。

◆西元一九八四年至一九八五年

改革文官年度績效評估制度，規定文官能設定其個人目標，使其在下一年度考績時能與負責考核的長官相互溝通討論。

◆西元一九八五年

實施「績效獎金實驗計畫」（Performance Bonus Experiment），實施對象為開放級文官第三級至第七級（即司長至科長）。一九八七年並擴至第二級的副次長。試辦一年之後正式提出評估報告，證實並未獲得成效，惟財政部乃開始提出「自由裁量性的待遇制度」（discretionary pay）之建議，以適用於各級文官。同時，常務次長們對於他們必須為功績報酬制度負起責任，深感不滿。

◆西元一九八五年

文官學院採行兩種新的訓練計畫，一為高階管理發展方案（Top Management Development Porgramme），係屬於中階的常任文官晉升至司長所實施之訓練；另一種為高級管理發展方案（Senior Management Programme），係針對開放級文官第三級與第四級所辦理之訓練。

◆西元一九八六年

將「財政管理改革」方案予以審核並擴充，使預算的責任能移給實作的管理者（line managers）來負責。

◆西元一九八六年

英國政府出版了一本有關文官活動得以競爭性的投標與外包來辦理的評估報告，即「政府私人企業化」（Using Private Enterprise in Government）。

◆西元一九八七年

財政部與專業文官協會（Institution of Professional Civil Servants，簡稱IPCS，係由工程師、科學家及其他專業人士組成）達成協議，對文官的待遇提出重大的變革，即提出「彈性待遇」（flexible pay），雖引起某些文官工會的若干批評，惟其主要的內容則包括：先將各級的文官建立一個共同的待遇結構（pay spine），然後再賦予四分之一的文官享有額外的功績俸（merit pay）。

◆西元一九八七年八月

裁撤管理及人事局，大部分的功能轉移至財政部，另外成立文官大臣事務局或稱文官大臣辦公處（Office of the Minister for the Civil Service，簡稱OMCS），仍隸屬於內閣辦公處，掌理人事管理方面之遴選、高級文官、人事措施、行政效率工作、文官訓練等業務（按：梅傑首相於一九九三年十一月將OMCS裁撤，改組為「公職及科學局」（Office of Public Service and Science），仍隸屬於內閣辦公處）。

◆西元一九八七年

英國政府一九八七年所發表的公共支出白皮書中包含有一千八百個各部會工作的「績效指標」（performance indicators），而

一九八六年時則只有一千二百個績效指標，此代表著自從一九八
二年實施「財政管理改革」（FMI）方案以來，績效指標有所成
長。

◆西元一九八八年二月

　　「效率小組」出版了一本報告名為「改進政府的管理：續階
計畫」（Improving Management in Government: The Next Steps），
該報告提出應成立執行機關（agency）來負責政策的實際執行，
而僅保留少數的核心部會（core-departments）負責處理策略控制
與政策制定。該報告預測在十年之內將有四分之三的文官會轉任
到執行機關。每一個執行機關將有一名行政首長或執行長（chief
executive），對整個機關的業務績效負全部責任，所執行的業務
係依據各該所屬的部會之授權範圍來行事（Fry, 1988b:429-
445）。

◆西元一九八九年二月

　　某些部會開始出版有關專屬他們自己部會之資源與規劃資訊
的年度報告，以取代並擴充原刊載於年度公共支出白皮書中該部
會的資料。

　　綜上所述，柴契爾首相所進行的文官改革措施，是為肆應社
會環境變遷所採取之因應措施，強調以經濟、效率與效能等三個
層面來推動改革行動，諸如人事機構的改組、文官文化之重建、
政府業務之民營化、減少浪費、精簡文官人數、效率稽核、「財
政管理改革」方案、資訊技術之應用、「續階計畫」、行政與財
政管理方面之授權、市場試驗（即開放市場競爭）、將文官甄選

與任用的範圍予以擴大並允許各行各業的人士參加公開競爭考
試、資訊公開化等，可謂成效斐然（Wilson, 1991:332-333;
Butler, 1993:398-403）。此種成就足以證明英國文官傳統價值以及
制度的優越性。

柴契爾政府對文官們所做的重大改革，使得文官制度的體質
發生了兩項重大實質的變化。第一，為高級文官文化的改變：柴
契爾首相主政期間經常安排親信及拔擢與其風格相近的人，企圖
改變高級文官的文化，使高級文官成為管理及解決問題取向者，
而非政策上的爭論者，亦即高級文官應該是如何執行某項政策以
及如何最有效地執行部長們所要求的某項政策。此點可從威爾森
（Graham K. Wilson）對高級文官所做的訪談中獲得證實：即絕大
部分的高級文官認為文官體系已經有重大的改變，而且此一重大
改變有一部分係對於管理工作的強調；幾乎有同樣多數的文官認
為對政策執行的重要性亦有相當大的提高；惟只有少數的文官能
從管理及執行上獲得工作滿足（Wilson, 1991:333-336）。因此，
威爾森認為在「續階計畫」尚未被廢止之前，文官自視為管理者
或執行者的趨勢將會增強（Wilson, 1991:341）。第二，導致文官
士氣的低落：在柴契爾執政時期，文官遭到貶辱，文官辭職率因
而大幅提高。許多文官不滿以私人企業的方法來從事公務，因而
離開政府部門轉入私人企業工作藉以增加個人的收入。再加上長
期以來一直從外界延攬人才半途進入文官體制，以及任命私人企
業的主管來負責屬於「續階計畫」的執行機關之業務，更加速了
文官的離職率，而使得文官體制的特質發生重大的變化。文官可

能變成一個缺乏專業價值與傳統的團體，並且成為一個同質性的團體，即它的成員僅以其個人生涯的一部分將心力貢獻給政府（Wilson, 1991:341; Rose, 1989:93-94）。

隨著柴契爾首相在一九九〇年十一月被迫下台，她對英國文官制度的影響是否能持續下去，也遭到若干質疑。非常幸運的是她的繼任者梅傑（John Major）首相遠比她更為務實，能與高級文官和睦相處，且比較能夠接受高級文官的政策上的理念與建議。因此，有關文官改革的措施似乎可以持續下去。梅傑首相的內閣秘書長兼國內文官首長巴特爾爵士曾於一九九三年四月二十二日提出未來文官改革繼續努力的議題有三（Butler, 1993:404-405）：(1)繼續維持文官的凝聚力；(2)應使非政治性的永業文官所享有的基本公務倫理與價值能持續下去；(3)建立永業化的文官，並使高級文官中內升與外補之比例保持平衡。至於未來的文官改革會如何的演變呢？吾人認為宜視政治情況而定，如果工黨再上台，可能會再成立一個新的委員會或任務小組以解決英國行政效率的問題，此因為在一個不同的政治氣氛下，保守黨政府企業取向的改革措施，終將僅是挑起另一回的改革而已（按：此一觀點，可以在本書第七章英國布萊爾的「現代化政府」中，獲得印證）。

第五節 文官改革的本質

各國在改革其政府機構時，大致上均同時採行三類政策，即機械式的改革（mechanical reforms）、結構性的改革（structural reforms）、關係性的改革（relational reforms）。雖然可供選擇改革措施的客觀指引是極爲罕見，但英格瑞漢姆（Patrica W. Ingraham）與彼得斯（B. Guy Peters）則認爲各國都似乎依循著線性方式（a linear pattern）從事改革，亦即從機械式的改革轉變爲結構性的改革，而最後則是改革政治領導者和永業文官間的關係（Ingraham and Peters, 1988:5-7）。

茲謹就上述英國三次重大文官改革的本質，分別略述如次：

一、機械式的改革

此種改革的本質是專注於內部行政程序及措施，強調預算、計畫與人事措施的改革。英國的瑞納稽核及「財政管理改革」方案、「續階計畫」、民營化政策、減少浪費、精簡文官人數等技術都是企圖要達成一更有效率、更企業化和更有成本觀念的政府。機械性、程序性改革的共同點是基於「技術萬能」的想法。支持此種改革的政治領袖與設計者，顯然相信經由更多的理性、更純熟的技能和借用更多私人企業的技術，則某些科層體制的問

題便至少可獲解決。事實上，柴契爾首相的「瑞納主義」
（Raynerism）所提之各項建議，都是基於公私部門基本上沒有兩
樣的假定而出發的（參見黃臺生，民83）。

二、結構性的改革

此種改革乃企圖透過結構的改革來指導與管理永業文官，其
主要包括兩種類別。第一種是改變負責中央政府管理與行政的組
織之結構。因此，英國在一九六八年根據「傅爾頓報告」的建議
將人事功能由財政部中劃出，另行成立文官部，但在一九八一
年，柴契爾首相則又廢除此文官部，將其大部分的重要功能再回
歸至財政部，同時另成立一個小型的管理與人事局，復於一九八
七年廢除管理與人事局，另成立文官大臣事務局（或稱文官大臣
辦公室）。而該局（或室）又於一九九三年十一月為梅傑首相改
組為公職及科學局。此即企圖將人事管理功能與其他的政府功能
劃分，進而賦予其更多的獨立指揮和完整的責任權限。第二種的
結構性改革是針對文官薪俸、功績制用人與激勵制度而言，其目
的在於用調整或改變薪俸制度來提高生產力，因此新的考績和獎
勵制度乃因應而升，英國的高級文官於一九八五年所採行的考績
制度和用績效來決定其薪資的作法，以及一八五四年「諾斯考特
與崔維萊恩報告」建議考試用人及功績制原則就是明證。

三、關係性的改革

　　政治人物與永業文官間的關係是一項較不具體的問題，由於此一問題影響深遠，因此關係性的改革是三種改革方式中最受爭議的一種。其實，這種改革是想要平衡民主政府中的權力關係。柴契爾政府致力於提高文官對執政者各種政策的支持努力，相對地就是要增強民選官員對官僚體系的控制能力，最常見的例子就是如何使高級文官更聽從政治指導。

第六節　文官改革的規模

　　英國自西元一八五四年之後歷經三次重大文官改革，依時間序列前後比較結果，吾人可以發現英國文官制度仍然有其「變」與「不變」之處（Butler, 1993:403-404）。

一、變的方面

　　第一，過去對於文官甄補方面的若干限制，已有重大的修正，即不再有年齡、性別以及必須剛從大學畢業方可報考等之限制。
　　第二，「諾斯考特與崔維萊恩報告」所提「從事技術工作與

智力工作的人員，應予明確劃分」之建議，似乎已不合時宜，尤其是將從事智力工作的人員僅限於高級文官，更無法令人接受。因為目前從事行政執行與管理工作者，經常需要運用智力，而政策決定者對於技術方面的知識也必須有所涉獵。

第三，目前對於文官的垂直結構（即核心部會與執行機關之間的關係結構）已特別加以強調。

第四，英國財政部僅對各部會之現金（cash）予以管制，至於文官的服務條件與期間則授權由各部會自行訂定之，財政部很少加以過問。

二、不變的方面

第一，英國堅守公開競考試用人與以功績來決定升遷之原則，對於政治贍恩徇私與分贓制度則摒棄不用。

第二，明確劃分政務官與事務官，對於任期、功能與責任均有詳細之區別。

第三，對於廉潔（integrity）的要求是高標準的。

第四，雖然允許各部會可自行決定文官的服務條件與期間，惟各部會在此方面大體上可說是前後一貫的。

第七節　文官改革的啓示

　　英國三次重大文官改革的內容、本質與規模，已如前所述，
茲將文官改革所獲得的啓示略述如次，期能獲得有識之士的呼應
與回響：

　　第一，英國三次重大文官改革都是受到內外在社會及知識份
子的壓力而引發改革的。行政結構與行政實務的改變已經使得政
府的行政能力與當時的社會價值互相調和，誠如瓦爾杜（Dwight
Waldo）曾說：「行政的設計必須與他們所處環境的社會、經濟
與意識形態等因素相關聯」（Waldo, 1952:91）。

　　第二，在現實政治環境之中，理念雖然經常屈服於利益團體
間所妥協的協議之下，但是理念總會激發它的效果。例如第二次
世界大戰之後，英國社會充滿著平等主義的觀念與價值，相信科
學、技術及管理科學。傅爾頓委員會爲了反映此一新的社會氣
候，即提出新的標準以應用到文官之考選、訓練及高級文官的組
織之上。該委員會建議取消「行政級」職位，改爲更寬的行政職
組（administrative group）：在考選及訓練高級文官時，特別著
重於經濟學、社會學及管理等相關的學科。然而在一九七〇年代
民眾對於政府之不信任又重新出現，整個社會對於行政機關的服
務採輕視的態度，他們較崇尙「市場取向」的觀念。在此環境之
中，改革者贊成以私人企業的績效標準與管理技術，來衡量文官

之績效，結果他們發現文官無法達到他們所定的標準。因此，傅爾頓的改革建議強調：高級文官必須要更能代表執政者之立場與觀念，並能迅速地對執政者有所回應。

第三，文官改革可說是對正在變遷的政治價值與目標的回應。將改革視為協調的很成功，以追求一致同意的目標，那就是把事情看得太單純了。文官改革並不是朝向既定的目標邁進，而是一個複雜的過程：它允許壓力的介入、溝通與討論，與有關既得利益團體協商，在行政機關內決定改變的時機與策略（Chapman and Greenway, 1980:183）。

第四，文官改革可以說是具有多元論的性質。改革的建議是來自高級文官、利益團體、政黨、國會、政府行政首長以及改革的領導者。改革是在於追求許多的政治價值與利益（Plowden, 1985:412-413）。如果他們之間無法達成共識，改革之建議則付之高閣。如果達成共識，至少某些建議可被接受。

第五，在文官改革努力的過程中，政治扮演了雙重、但卻是相互衝突的角色。一方面，對「科層體制問題」（bureaucracy problem）性質和範圍的政治上批評，會導致一個通常不利於改革的環境；但另一方面，政治領導的能力卻又是將改革議論變成實際立法的要素，此種雙重性的重要程度是不容許忽視的，因為，言辭上的無情抨擊顯然地一定會引發其所指責的永業文官之反應，雖然改革委員會中經常會包括某些高級文官，但他們仍不免強烈地覺得自己是受到聲討的對象。此外，整頓科層體制的懲罰性語調也真的充斥在改革的內容中。然而文官改革還有一個有

趣的政治雙重性，其主要問題所在竟是政治本身。以往認為：只
要能把無能又惡劣的政治人物逐出行政界，有才德的文官就自然
可以有效地管理政策（Doig, 1983:292-304）。但在今日，看法剛
好相反，政治和政治責任（而非文官官箴與政治中立性）方被認
為是解決科層體制問題之道。例如何斯京斯（J. Hoskyns）在論
及英國時曾指出「我們所需要的是一個能真正遵循政治領導的文
官制度，而不是一個中立和專業的文官制度」（Hoskyns,
1983:137-147）

第六，政治的影響力減少了政策設計的考量，以及時常會產
生無法解決問題之方案。有越來越多的跡象顯示，文官改革的努
力不僅未能解決舊有的問題，反而會製造一個新又難處理的問
題。此一新的問題是：因為民選官員貶低文官的價值，因為公職
所提供的條件明顯地變差，以及因為永業文官對他們被貶責奚落
一事耿耿於懷，越來越少的人會為擔任公職所吸引。此種問題造
成有許多中高級文官正在考慮離職。

第七，總而言之，英國文官改革的努力說明了文官改革必須
經過一段長時間的成長過程。假如歷史給了我們啟示，那就是在
民主政治中文官的結構與實務，將會很快的順應一個正在變遷社
會的價值以及新的執政者的利益與理念。

第八節 結語

本章從英國文官制度史上的三次重大文官改革,分別予以概述,進而說明文官改革的本質、規模與啟示,旨在使吾人能對英國文官改革得到整體性的瞭解,文中說明難免有掛一漏萬或出入舛錯之處,期盼有識之士有以教之而有所匡正。

從上述英國文官改革的經驗中,除顯示出公職(public service)一向是很重要之外,更提示吾人應眞正去思考公職作為一種民主政治的機關,所具備的獨特性;而此獨特性的重要一環,就是政治環境不僅勾畫出改革的措施,但同時亦限制了改革之舉。無論如何,吾人認為「政治」在文官改革過程中永遠扮演主要的角色。在政治過程與文官改革的互動關係中,政治人物們必須調整他們在改革過程中的角色扮演,他們必須造就一個更為有效的改革設計過程,而且他們亦必須提供改革執行所必要的支持。因此,有效的文官改革如英格瑞漢姆與彼得斯所指出:「不應只是被視為調整結構或機能而已,更應視其為是對政府某一機關的權限,與其他機關權限間,做更為正確的調整的努力,而這種努力的過程,有遠見的政治一定是最為重要的基石」(Ingraham and Peters, 1988:15),此種看法的確值得吾人深思。

參考書目

許濱松（民82），《各國人事制度度》，台北：華視文化事業股份
　有限公司。

黃臺生（民77），〈英美兩國文官改革之比較〉，《人事月刊》，
　第7卷第1期，第17頁至26頁。

黃臺生（民83），〈組織理論中公私分際的探討〉，《銓敘與公
　保》，第3卷第7期，第25頁至31頁；第3卷第8期，第14頁至
　21頁。

Barber, J. (1991). *The Prime Minister since 1945.* Oxford: Basil
　Blackwell.

Butler, R. (1993). "The Evolution of the Civil Service: A Progress
　Report," *Public Administration*, Vol. 71, (Autumn).

Chapman, R. A. and Greenway, J. R. (1980). *The Dynamics of
　Administrative Reform.* London: Croom Helm Ltd.

Doig, J. (1983). "If I See A Murderous Fellow Sharpening A Knife
　Cleverl——the Wilsonian Tradition and the Public Authority
　Tradition," *Public Administration*, Vol.43, pp.292-304.

Drewry, G. and Butcher, T. (1988). *The Civil Service Today.* Oxford:
　Basil Blackwell.

Fry, G. K. (1984). "The Development of the Thatcher Government's

'Grand Strategy' for the Civil Service: A Public Policy Perspective," *Public Administration*, Vol.62, (Autumn), pp.325-327.

Fry, G. K. (1988a). "The Thatcher Government, the Financial Management Initiative, and the New Civil Service," *Public Administration*, Vol.66, (Spring).

Fry,. G. K. (1988b). "Symposium on Improving Management in Government," *Public Administration*, Vol.66, (Winter), pp.429-445.

Fry, G. K. (1991). "The Fulton Committee's Management Consultancy Group: An Assessment of Its Contribution," *Public Administration*, Vol.69, (Winter), pp.423-439.

Garrett, J. and Sheldon, R. (1973). *Administrative Reform: The Next Step, Fabian Tract 428.* London: Fabian Society.

Garrett, J. (1980). *Managing the Civil Service.* London: Heinemann.

Greenaway, J. et al. (1992). *Deciding Factors in British Politics: A Case-Studies Approach.* London: Routledge.

Hennessy, P. (1990). *Whitehall.* London: Fontana Press.

HMSO (1968). Report of the Committee on the Civil Service 1966-1968 (Chairman, Lord Fulton), Cmnd 3638, Vol.1. London: HMSO.

Hoskyns, J. (1983). "Whitehall and Westminster: An Outsider's View," *Parliamentary Affairs*, 36, pp.137-147.

Ingraham, P. W. and Peters, B. G. (1988). "The Conundrum of Reform: A Comparative Analysis," *Review of Public Personnel Administration*, Vol.8, No.3, (Summer).

Johnson, N. (1985). " Change in the Civil Service: Retrospect and Prospect," *Public Administration*, Vol.63, (Winter), pp.416-419.

Plowden, W. (1985). "What Prospects for the Civil Service," *Public Administration*, Vol.63, (Winter), pp.412-413.

Pollitt, C. (1990). *Managerialism and the Public Services: The Anglo-American Experience*. Oxford: Basil Blackwell.

Presthus, R. (1964). "Decline of the Generalist Myth," *Public Administration Review*, 24, (December), pp.211-216.

Rose, R. (1989). *Politics in England: Change and Persistence*, 5th ed. London: Macmillan.

Smith, B. (1988). "The United Kingdom," in D. C. Rowat (ed.), *Public Administration in Developed Democracies: A Comparative Study*. New York: Marcel Dekker.

Thatcher, M. (1993). *The Downing Street Years 1979-1990*. London: Harper Collins Publishers.

Waldo, D. (1952). "Development of Theory of Democratic Administration," *American Political Science Review*, 46, (March-June), pp.81-103.

Wilson, G. K. (1991). "Prospects for the Public Service in Britain:

Major to the Rescue?" *International Review of Administrative Sciences*, Vol.57, pp.331-332.

第六章

行政革新——英國的經驗

第一節　前言

　　吾人在討論「國家發展」、「現代化」、「革新」、「改革」與「發展」時，經常會涉及到「行政革新」，而且大致上有一個共識，即認為「以行政革新帶動政治革新，以政治革新推動國家發展」。因而有的學者認為，「國家發展」的重心在「行政革新」，而且唯有在行政上進行革新，才能根本帶動政治、經濟、社會、文化等全方位的改革與刷新（陳德禹，民77）。此種「以行政革新帶動全世界革新」的作法，不僅常為開發中國家所採用，而已開發國家更是樂用不疲。

　　蘇聯末代總統戈巴契夫於西元一九八八年三月在其《改革與新思維》著作中，指出為了解決蘇聯社會的政治與經濟危機，需要有改革行動，而改革最需要的是「新思維」。美國於第二次世界大戰之後，歷屆總統都把行政革新置為重要政策目標，例如柯林頓總統於一九九三年九月所推動的「國家績效評估方案」，即是一例。日本歷任首相也將行政革新列為重要施政綱領，如鈴木善幸曾表示要：「豁出政治生命搞行政改革」；另外，如日本的「行政改革迷」首相中曾根康弘亦曾表示：「行政改革是治國之本」，更是「日本面向二十一世紀的社會經濟奠石基礎」（江明修，民81；Osborne and Gaebler, 1992）。同樣地，加拿大政府於一九九〇年發表政府服務革新白皮書（White Paper on Public

Service Renewal），揭示未來五年政府工作重點，旨在於推動公元二○○○年的政府服務（Public Service 2000）（葉維銓，民82）。英國柴契爾夫人於一九七九年五月上台之後，所進行一連串的行政革新，均是推動行政革新很好的例證。

　　本章擬先對行政革新的意涵予以概述，並擬分別簡述英國柴契爾政府行政革新的原因、具體措施，以及對文官體系的影響，俾使吾人能對英國柴契爾政府行政革新的經驗獲得整體性的瞭解，進而提供我國行政革新的參考。

第二節　行政革新的意涵

　　行政革新（administrative reform）的概念雖然因人而異，但所蘊涵的意義與內容則大致相似，茲列舉國內外學者的看法如下：

一、國內學者

　　張潤書（民78：780-784）認為革新包括了改革、創新與發展等涵義，它是組織求生存、謀發展的必要程序，沒有革新，組織最後必然趨於死亡。行政革新則指政府行政系統為因應時代與環境的變遷，對外在環境的「輸入」因素（inputs）加以適應與調整，以各種較為創新的作法與安排，以求取更好的「產出」（outputs）的過程。正因為時代環境不斷的在變，尤其在此變動

不居的資訊時代，行政革新實在是一項永無休止的努力。

吳定（民80：239-241）綜合國外學者Hahn-Been Lee、Yehezkel Dror和D. Hadisumarto等人的看法，並參酌我國的行政情況，指出行政革新即是行政機關利用和平漸進的手段，採取適當的途徑，由個人及團體作有計畫的努力，一則將行政上的缺失與陳腐，予以改進創新，而對原有的優良制度、方法、態度等加以發揚光大；另則將適合環境需要的新制度、新觀念、新作風、新工作方法及程序，引入行政機關組織的運作系統，旨在提高行政效率，加強為民服務，而達福國利民的目的。此外，吳定（民80：241-243）也充分地認識到行政革新的推動者（agents）涉及公務員個人、小團體、整個機關組織，乃至一般社會大眾。而所要革新的內容也非常廣泛，除應改進物質因素，如行政機關設備、技術、方法、工作程序、法令規章、組織結構與制度等，更需要革新公僕與全民的心理因素，如觀念、態度、價值與作風等。

彭文賢（民77：158-159）認為行政革新為政府行政機關有關制度、觀念、行為、思想和能力的新生和新興。他認為革新或改革（reform）與創新（innovation）是兩個相近但並非完全相同的名詞。「革新」的意義，通常是指當一個制度或行為遭遇到某些障礙時，在原有的基礎上作適當的改革，使它能夠繼續發揮原有的功能。「創新」則指一種開闢新天地的行為，創造一個新的境界。彭文賢（民77：162-182）認為影響行政改革的因素有六項，即環境、目標與價值、技術、管理、組織結構、心理社會因

素等方面之改變;並就推行行政改革的主要方法,提出下列八項原則性的意見:(1)愼訂革新項目;(2)妥擬革新範圍;(3)縮短人民與行政間的距離;(4)由政治來確保行政的自律性;(5)確認行政為解決問題的過程;(6)事實取向的思想方式;(7)抑止初級團體的意識形態;(8)形成目標取向的思考方式。

陳德禹(民77:381-394)確認行政革新的目標可分為兩個層次,就是低層次消極的「除弊」與高層次積極的「興利」。除弊革新即是消除行政文化、行政結構及行政程序上的不合理、繁瑣等問題,以提高行政效能,加強為民服務的能力,即實現「行政發展」(administrative development)。而興利革新乃指行政部門一方面推動以經濟發展為核心的國家現代化,另一方面能策劃及提高人民的社會經濟福利,不僅要加強行政效率,更要顧及社會資源分配的公正性,此即所謂的「發展行政」(development administration)。他並認為要開發行政革新的局面,應從行政觀念的革新、運作系統與技術的革新、以及國家發展領導系統的革新等三方面著手。

二、國外學者

Peter Wilenski(1986:259-263)認為傳統的行政革新措施的焦點大多停留在如何提升行政效率(efficiency)和效能(effectiveness)的技術理性層次上,近年來對於外在政治、經濟與社會環境如何影響行政革新,以及對於行政的內部過程與行政

程序的結果如何實現公平、正義亦有所注意。他認為革新應視為是政策規劃與執行不可截然劃分的一個過程，對於抵抗革新（resistance to reform）的概念不應加以忽視。他亦提出革新的必要條件：政治意志、資源分配、機構的持續支持、時間、策略等均應加以考量。Wilenski（1986:264-267）以一九七〇年代以來澳洲行政革新的經驗為例，認為從事變革的槓桿（levers of change）不外乎包括下列五種：制定新的法律、設立新的機構、招募新的人員、改變正式的程序，以及改變正式的組織結構。

Richard A. Chapman（1990:59-69）認為行政革新是政府機關中行政結構或程序改變的過程，以因應社會與政治環境的期望、價值或願望。行政革新可視為造成社會與政治轉換的工具（an instrument for social and political transformations）。他並且釐清變遷（change）、創新（innovation）與演變（evolution）的不同。一般而言，「變遷」不一定帶來革新，但所有的革新活動均涉及變遷。「創新」基本上與革新概念極為接近，尤其是某一行政革新方案的目標在於建立前所未設的新機構時，革新即是創新。「演變」則指某一行政結構或程序，由簡單的形式逐漸地演化為複雜與精心結構的過程。

Gerald E. Caiden在《行政改革》（*Administrative Reform*）一書中所下的定義較為周延，較具界定性。他認為行政革新為「以人為的誘因，反對既存現狀的行政轉換」（1976:6）。他在〈革新或更新〉（"Reform or Revitalization?"）一文中指出以往六種老的革新策略何以無法發揮作用，並發現由外而內的革新策略要能成

功,必須與由內而外的更新(self-renewal or revitalization)相輔
相成(1990b:85-92)。他一再地強調行政革新的模式必須扮演著
維護公共利益(safeguard the public interest)的角色,也就是說
必須極力提倡公共行政措施的公開、回應、參與、彈性、實用、
創新、代表、倫理與動態性,以及對人性尊嚴和個人自由的尊重
(1990a:221-231)。另外,Caiden曾詳細調查分析開發中國家多種
行政革新的成敗事例,結論提出十六點有關行政革新的建議,茲
條列如次(1976:290-291):

1.革新者不宜好高騖遠,企圖一舉完成所有革新事項。

2.不宜求全責備。

3.不可疏忽各種必要的中間階段。

4.必須創造良好的革新氣候(reform climate)和新的思想與
行為模式。

5.必須慎防各種有害之後果的發生。

6.切記世事多變,不宜盲目抄襲成規。

7.接受現階段所能獲得的成就,製造而非破壞未來的機會,
避免不必要的樹敵。

8.儘量利用現有的體制。

9.縝密規劃再一個階段,在進行次一階段之前,必須對前一
階段加以評價檢討。

10.在全面實施之前必須有一試行階段,或將行政革新限於
某一較小範圍。

11.將革新事項與原有的或眾所熟知的打成一片。

12.特別注意輿論的反應與現況的反饋。

13.必須提供持續性的革新方案。

14.革新計畫必須具有彈性並有明確的目標。

15.必須設置可靠、有力的革新管理機構。

16.必須權衡得失，隨時評估、考核革新成果。

綜合以上國內外學者所述，筆者認為：行政革新可說是為了克服各種外在政治、社會、經濟和文化環境因素及內在官僚行為的阻力，人為地誘導行政轉換的過程。然其所謂「轉換」必然指涉變遷、創新與演變。進而言之，行政革新應該是一種流量概念，是一種不斷變遷、不斷創新和不斷演變的過程。

第三節　行政革新的原因

西元一九七九年五月英國保守黨在大選期間的競選諾言之一，就是要減少政府的活動、支出與文官的人數（Chapman, 1990:63-67）。柴契爾夫人上台擔任首相之後，開始了她個人長達十一多年（1979.5-1990.11）的執政生涯（Thatcher, 1993）。在這十一年多的時間裡，她致力於行政革新，使得傳統的英國文官制度面臨新的轉變，因此，曾任英國內閣秘書長兼國內文官首長巴特爾爵士稱此為「管理革命」（Butler, 1993:398）。

　　柴契爾首相執政期間陸續進行了一連串的行政革新措施，綜合歸納其原因如次（黃臺生，民83b:14）

一、經濟與社會的原因

　　柴契爾夫人上台之初，當時的英國受到經濟不景氣的影響，失業問題極為嚴重，失業率一直維持在10.5%，失業人口高達三百餘萬人，均仰賴政府發給失業津貼，以維持其生活。因此，柴契爾夫人於一九七九年五月當政以來，基於解決社會失業的問題以及減輕財政負擔之雙重考慮，爰將行政革新列為其施政重點。

二、政治與行政的原因

　　柴契爾政府既定的基本政策就是減低工會的權力，實行貨幣主義的經濟政策，縮減政府在內政上所扮演的角色，加強國防，削弱文官在政策分析及政策建議上的角色（即文官的角色應定位於積極地執行政策，而非在於與部長爭論政策是否原則可行），精簡政府組織與文官的人數（Wilson, 1991:331）。其目的在於終止政治與行政上的無效能，使新的文官制度能以功績原則為基礎，並能邁向新的專業主義（professionalism），從而重視績效、產出與個人責任（Fry, 1988:1-20）。

三、個人的原因

柴契爾夫人本身並不很熟悉英國行政與文官的文化,來自中產階級企業背景的她,對於商業與競爭性的資本主義向極重視,並對有創見、果斷、自信的文官特別的欣賞;對於英國文官所引以為傲的小心謹慎、處事圓融、通才性質的業餘者(即缺乏現代行政體系所應具備的管理與專業知識)等傳統特質非常地蔑視。在她的潛意識中,常將高級文官視為新政府的敵人,她與高級文官之間的關係並不很融洽,她在質疑高級文官的建議時所採取的凌厲態度,被許多文官視為對其人格的侮辱(Hennessy, 1990:239-241; Caiden, 1991:199-200; Fry, 1984:325-327)。另外,她對於文官利用職權與機會,為自己謀福利,諸如使其工作有所保障、待遇與退休金隨通貨膨脹而調整等,儼然使其成為一個特權團體,而深表反感(Wilson, 1991:331-332)。

第四節　具體措施

柴契爾夫人主政期間所從事一連串行政革新的具體措施,已以編年紀事的方式略述於**第五章第四節**。在這些柴契爾首相所進行的行政改革措施中,筆者認為較重要且較引人注意的項目,有必要進一步地加以綜合說明如次:

一、民營化

民營化係指在各類公共活動及資產所有權上，政府角色之縮減，而私部門角色之增加（Savas, 1992）。在英國，民營化（privatization）與「非國有化」（denationalization）常視為同義語。當一九七九年柴契爾夫人首任閣揆時，即倡議要「縮減國有的疆界」（to roll back the frontiers of the state），並力圖「埋葬社會主義」。因此，柴契爾主義（Thatcherism）即代表著民營化主義；而民營化政策亦是英國柴契爾政府的行政運作特色（Kent, 1987:163）。

民營化政策是最具政治性的，因為一九七九年時保守黨的政策是力主民營化，而勞工黨則持反對的立場，儘管文官支持政府推行民營化政策，但是對於政策議題卻是採中立的態度。一九七九年當柴契爾首度任閣揆時，全英國11.5％的國民生產毛額（GNP）是由國營事業所提供；但當一九八七年三度連任時，此項比重經其民營化政策之推動降至7.5％。在此期間大約三分之一的公營事業，金額超過一百二十八億英鎊，涉及六十五萬國營事業員工轉入民間部門。在未來，英國預計除國鐵、郵局、煤礦、鋼鐵、捷運五項國營事業外，其餘將全部移轉民營（詹中原，民82：40-42）。

二、員額精簡

員額精簡的基本信念就是私人企業經常厲行節約以求生存的作法，值得公部門仿效之。因此，柴契爾首相主政期間即本著上述信念，經由業務移轉民營、外包、資訊技術的自動化、生產效率化等措施，使文官總人數從一九七九年的七十三萬四千人，一九八三年的六十三萬五千人，遞降至一九八八年的五十九萬人。員額精簡措施係透過各部會之人力評鑑後提出，由財政部主其事。其人力增減數目視各部會業務發展的情形個別考量，因此絕無分贓式或齊頭式增減員額的現象發生。

三、效率稽核（efficiency scrutinies）

柴契爾首相上台之後，任命Marks and Spencer這家企業集團的執行長（chief executive）瑞納爵士爲顧問，由他成立所謂的「瑞納小組」（Rayner Unit），對各部會進行一連串有關增加效率、消除浪費的研究。他以前亦曾致力於改進文書作業與繁文縟節（red-tape）的工作。在進行調查研究時，該小組要求各部會回答三個過去常爲人所忽略的問題，即所從事的業務爲的是什麼？成本爲何？有何附加價值？瑞納於一九八○年四月所提的研究報告中指出，爲加強各部會的管理能力與措施以消除浪費，首先應消除不必要的文書作業，其次應改進政府執行活動的方式，

然後改變永業文官的教育與經濟，使其成爲眞正的管理者
（Hennessy, 1990:595）。

截至一九八二年底瑞納重回企業任職之前，已進行一三〇項
稽核，節省了一萬六千個職位與二億英鎊的經費。瑞納之後，效
率小組則先後由工業家易卜斯爵士（Sir Robin Ibbs）與前關稅與
貨物稅局主席傅瑞色爵士（Sir Angus Fraser）來領導。

在一九八二年時瑞納的效率小組已經正式成爲隸屬於內閣辦
公處之下的管理與人事局中的一個單位。而「財政管理改革方案
小組」（FMI Unit）則爲財政部與管理人事局所聯合組成之單
位，其成員係由三個政府官員與四個來自外界的管理諮詢專家組
成，以審查各部會所提改善管理與財政責任的計畫。效率小組的
功能在於促進稽核效率而不是在於處理稽核，稽核的目的在於增
進生產力，使文官對於成本的問題更加重視。換句話說，稽核的
目的就是行動，不是研究，因此，它會：(1)審查某一特別的政
策或活動，並對爲人視爲理所當然的工作加以懷疑；(2)對任何
問題提出解決方案，提出建議以節省支出與增加效率與效果；
(3)在稽核開始的十二個月之內，執行大家所認可的解決方案，
或開始執行（Harrison and Gretton, 1987:12）。

一九八五年時，進行了三百項稽核，預估在二至五年內會節
省六億英鎊。一九八六年四月審計部（National Audit Office）預
估花費五百萬的成本，將可節省十億英鎊（Caiden, 1991:202）。

四、財政管理改革方案（FMI）

財政管理改革方案是將經濟自由主義應用到文官體系上（Fry, 1988:5）。前國內文官首長阿姆斯壯爵士（Sir Roberm Armstrong）曾於一九八七年十二月所舉行的「行政革新未來型態」（Future Shape of Reform in Whitehall）研討會中，提及一九八二年實施的財政管理改革方案是自從傅爾頓主持文官改革之後十多年來最為重要的發展。FMI為一項具有先見之明的偉大成就，因為爾後英國各項行政革新措施，諸如續階計畫、財政部對人事與待遇方面的授權、甚至於公民憲章（Citizen's Charter）等都是以FMI為基礎（Butler, 1993:399）。

FMI的基本原則與目標就是管理者應該：(1)對於他們的目標有一明確的觀點，並儘可能地評估與衡量此一目標之輸出或績效；(2)有明確的責任對於資源（包括輸出的稽核與金錢的價值）做最佳的運用；(3)擁有資訊（特別是有關成本方面）、訓練、接受專家的建議，俾使他們能夠有效地履行責任（Fry, 1988:8）。上述原則與目標意味著：「假如你在預算過程中使用得當，提供有關的資訊、技巧與建議，那麼你將獲得良善的管理。管理被視為是經由預算來控制的一項課題，亦即藉著預算目標的達成來扣緊實作管理（line management）的責任（Harrison and Gretton, 1987:25）。

FMI在本質上就是要促進責任式的管理（accountable

management），爲了達成上述的原則與目標，必須建立三個主要的機制：高層管理資訊系統、分權化的預算控制系統、績效指標。高層管理資訊系統則採用一九七九年赫斯汀擔任環境部長時所引進的「部長的管理資訊系統」（MINIS）爲藍本。分權化的預算系統則在於建立一種以目標管理爲導向的成本中心層級節制體系。發展績效指標在於對效率與效果的評估。爲了協助各部會執行FMI，則成立「財政管理小組」（Financial Management Unit），如前所述係由財政部與管理人事局共同組成，一九八五年則由「聯合管理小組」（Joint Management Unit）所接續，後來則由財政部的「財政管理局」（Financial Management Group）來負責（Gray and Jenkins, 1992:170-171）。

五、續階計畫

財政管理改革方案與永業文官兩者之間的觀點似乎不太相稱，尤其在一九八七年柴契爾夫人第二任任期之末更爲明顯。假如保守黨政府希望推動革命性的變革，則政府各部會與公共服務的重新建構，在邏輯上可稱爲是下一階段或續階（the next steps）（Fry et al., 1988:429）。

一九八八年二月時，柴契爾夫人宣布進行一項有史以來最激烈的行政革新計畫，這項計畫是以易卜斯所領導的「效率小組」所提出的「改進政府的管理：續階計畫」研究報告爲基礎，其目的在於改進文官管理方式以提高效率與增進服務品質。效率小組

建議採取瑞典的模式,將文官的結構予以重組,即採取管理責任
與控制之授權原則,以及將文官區分為政策制定與政策執行等兩
種人員。政策制定人員留在部會核心辦公室(core office),其餘
人員則轉任到個別的「執行機關」(agency),負責政策的實際執
行。這些獨立機關的運作方式係學習民間企業的經營方式,並賦
予其較大的人事與財政自主權,亦即每一個執行機關的目標與任
務、待遇、甄選、責任與財政程序、訓練、與其他人事授權與工
業關係的安排,均由該執行機關自行決定。每一執行機關設置一
名行政主管或執行長,依據各該所屬部會之授權範圍來執行業
務,並承擔該機關經營績效的責任。

英國財政部與文官特別委員會(Treasury and Civil Service
Select Committee)指出續階計畫是二十世紀中最有企圖的文官
改革。它使得文官組織體質由水平性轉變成垂直性的改變,換言
之,從過去工作條件、待遇、職等結構與工作實務完整一致的部
會,轉變成目前核心的部會之下轄有若干個執行機關(Fry et al.,
1988:439-445)。

每一執行機關官員的角色已產生變化。例如司長的角色目前
已經成為執行機關的執行長,具有很大的獨立性與控制權力,業
務執行有效係建立在其與部長的個人契約上。此一契約明定存續
期間、對某一特定目標要求績效,並給予一些績效獎金。目前執
行機關的執行長有60%至70%係以公開競爭方式進用,大約35%
係來自外界(非文官)(Butler, 1993:400)。

六、文官改革

　　柴契爾夫人對公共官僚政治（特別是中央政府行政部門）無好感。她認爲文官對公共政策的影響力過大，而公部門的工會亦太有影響力了。因此，欲使上述兩者回歸於原點，首先，在工會方面她採取減少工會的權力，藉著讓步（如果生產力增加則對工會讓步）、擊退、懲罰罷工者、透過地域性之差異來破壞全國性待遇協商等策略，來確保政府在公部門工業關係的權威。其次，在文官改革方面，她引進外來者擔任決策職務及重組高級文官制度。她並加強內閣辦公處的功能，以取代過去完全由財政部控制的局面。一九八一年裁撤文官部，將有關待遇與人力功能移給財政部掌理，另外成立「管理與人事局」隸屬於內閣辦公處，掌理管理與組織、整體效率與人事政策（包括甄補與訓練）。管理與人事局尋求開放高層職位給自命不凡者與有能力的人；強調績效與結果；並提倡新的專業主義（new professionalism），使納稅人與公民所支付的金錢將更有價值；而最終的目的則在於重視績效、產出，與獲得可欲的結果之個人責任（Fry, 1988:1）。一九八七年八月管理與人事局被裁撤，大部分功能則轉移至財政部，另外成立「文官大臣事務局」或稱「文官大臣辦公室」，仍舊隸屬於內閣辦公處，掌理人員甄選、培訓、高級文官、政府組織等方面的業務。內閣秘書長爲國內文官首長，承首相之指示掌理「文官大臣事務局」之事務（按：梅傑首相於一九九三年十一月

將「文官大臣事務局」裁撤，另設「公職及科學局」（Office of Public Service and Science），仍隸屬於內閣辦公處，負責提供甄選、訓練與職業衛生等方面業務，並制定人員的發展、管理及公平機會的政策（黃臺生，民83a：11）。公職及科學局亦負責推動有關「公民憲章小組」、「效率小組」與「續階計畫」等方面的工作，以促進行政效能與效率的提高，以及服務品質的提升）。

第五節　對文官體系的影響

柴契爾夫人所進行的行政革新措施，是爲肆應社會環境變遷所採取之因應措施，強調以經濟、效率與效能等三個層面，來推動改革行動，上述的具體措施，可謂成效斐然，足以證明英國行政傳統價值以及制度的優越性。惟柴契爾夫人主政期間對行政所做的重大改革，使得整個文官體系的本質發生了重大實質的變化，茲將所產生較爲直接且重要的影響綜合說明如次：

一、賡續推動民營化政策

隨著柴契爾夫人於一九九〇年十一月被迫下台，她對英國文官體系的影響是否能持續下去，也遭到若干質疑。非常幸運的是她的繼任者梅傑（John Major）首相遠比她更爲務實，能與高級文官和睦相處，且比較能夠接受高級文官政策上的理念與建議。

因此，有關行政革新的措施當可以持續下去。

　　當然，英國延續柴契爾主義的民營化政策推展方向在短時間內不會改變，是極為明顯的。自從一九七九年推動民營化政策以來至一九九三年四月為止，幾乎有一百萬個公職已轉移由民間部門來承擔，而國營事業比行政部門受到民營化的影響程度較大。從一九九三年起，英國「執行機關」也面臨直接民營化的壓力，例如隸屬於英國政府貿易和工業部的五個國家實驗室，在一九九○年轉變成「執行機關」，並於一九九三年面臨全面民營化之要求（詹中原，民82:42-44）。因此，文官體系努力追求所謂「最大的效率與生產力，市場與競爭取向的策略，管理者自主與特權的增加」的目標，亦即「商業主義」（commercialism）所揭示的理想（Pendleton, 1994:33），短時間內將會繼續成為英國政府努力推行的政策。

二、繼續實施員額精簡

　　柴契爾夫人成功地使文官總人數由一九七九年的七十三萬四千人，降為一九八八年的五十九萬人。員額精簡最主要的方式，係以業務移轉民營與計畫性裁減員額編制兩種手段同時進行。柴契爾下台，梅傑首相仍然繼續推動員額精簡的措施，諸如控制預算緊縮各部會經費、出缺或退休不補以凍結人員進用、持續擴大民營化、健全與調整機關組織功能等，使得文官總人數由一九九二年的五十六萬五千三百一十九人降至一九九三年的五十五萬四

千二百一十二人（HM Treasury, 1992, 1993）。總計自一九七九年至一九九三年，文官的總人數已銳減了32.4%。

三、「公民憲章」的重視

繼柴契爾夫人所推動的「效率稽核」、「財政管理改革方案」、「續階計畫」之後的產出管理（output management）運動，就是梅傑政府於一九九一年七月所推動的「公民憲章」。公民憲章的原則就是界定服務的標準，使公共服務能符合民眾的需求，如果服務的標準無法實現，個人可獲得補償。上述原則適用於公共服務的各個部門，主要的是將焦點放在公眾的期望上，並使公共服務的提供者遠離其自身的利益。公民憲章必須經由界定目標與績效衡量來提升公共服務的品質，此一概念係由傅爾頓所建構，財政管理改革方案使其變成可能，但是公民憲章則是運用人民的力量促其實現，使其成為真實（Butler, 1993:402）。

公民憲章主要在於強調民眾為顧客（customer）的理念，賦予公民更多的權力，使得他們有選擇與要求品質的權利，很少注意公民的責任（citizens' duties），所應負的責任（accountability）被視為是市場取向的（Lovell, 1992:395）。一九九一年所發表的「公民憲章白皮書」中強調標準的設定、資訊的提供、選擇的權利、民營化與競爭、補償、檢查與管制。而達成公共服務原則的方法如下：(1)標準；(2)公開；(3)資訊；(4)選擇；(5)無歧視；(6)接近（accessibility）；(7)補償。民眾經由稅之支付而不是社區

成員之緣故，有要求服務之權利。國家與公民關係之模式是一種
契約關係，而不是承諾與責任觀念的具體實現，此種概念源於自
由的個人主義（liberal individualism），而不是公民的共和主義
（civic republicanism）（Stewart and Walsh, 1992:507）。

四、提供者與購買者角色的劃分

在「續階計畫」下的執行機關自行建立了績效的契約，並與
部長建立了所謂的「當事人與代理人的關係」（principal-agent
relationship）。依照代理理論（agency theory）的觀點，稱購買物
品或是服務的人為「當事人」，而提供物品或是服務的人為「代
理人」，代理人和當事人的關係由契約控制，契約對代理人的責
任和當事人的義務有詳細的規定。如此，使得公共服務的購買者
與提供者的角色明確的劃分，不僅避免兩者角色的混淆，而且對
於市場的發展有所助益。

五、績效責任的重視

無論是在「財政管理改革方案」中要求建立分權化的預算控
制系統與績效指標，或是在「續階計畫」中執行機關簽訂契約或
管理責任下授，均顯示責任與績效評估密切相關。假如管理者對
於資源能夠有效的運用與控制，他們必定會對其績效負責。而契
約的簽訂者亦必然對契約的履行負起責任。因此，各部會對於績

效評估與績效指標將會予以重視。

六、政治過程與管理過程劃分的問題

在過去政府部門的政治控制係由各部會首長透過層級節制體系的運作來達成。「續階計畫」實施之後，各執行機關已將政策制定、政治過程與管理過程區分開來，即由各部會首長對國會負政策責任，而執行機關則由執行長對業務成敗負完全責任，惟執行長並不對國會負責。然而，問題是各部會首長應如何為享有充分授權的執行機關負責？業務成敗究竟是屬於政策還是執行呢？恐怕也很難區分。此外，當負政治責任的部會首長因政策失敗而下台時，簽有任期契約的執行長，卻不須負政治責任（只須負管理責任），也無須辭職，此可能引起爭議。

七、人事與財政上充分的授權

財政部與內閣辦公處係負責文官管理的部門，在人事行政上業已對各部會及執行機關採充分的授權。例如在人員甄補方面，目前已有95％的職位由各部會與執行機關負責辦理甄補，而文官委員會僅負監督之責，以維護公平與公開競爭的原則。在待遇方面，不僅意味著財政部所主導的待遇政策更趨彈性（包括功績俸的實施），而且說明了各執行機關於待遇與職務列等事宜能負起充分的責任。一九九三年四月一日擁有六萬四千名員工的國內直

接稅局（Board of Inland Revenue）已建立起屬於自己的待遇與列等制度。關稅及貨物稅局與十七個大型的執行機關業於一九九四年建立符合各該機關特性與需要的待遇與列等制度。至於在任期與服務條件方面，過去都是由中央各部會依據樞密院令的授權與全國文官工會（Civil Service Trade Unions）協商而達成協議。如今中央各部會已將此項權力逐漸地交給管理者，而且一九九三年新出版的「文官管理法典」（Civil Service Management Code）亦反映出上述的變化。此種權力下授的情況，將使得執行機關必須針對各該機關的性質來訂定任期與服務條件（Butler, 1993:400-401; Stewart and Walsh, 1992:505）。

財政部與各部會基於策略性規劃與公共支出控制的考量，已賦予執行機關在財政上有很大的彈性。財政部與各部會，各部會與執行機關共同審查財政授權的層級（例如在資本支出、資產轉讓、損失勾銷等），其主要目的就是要邁向策略性的控制，並以策略性計畫中主要的策略問題為焦點。就執行機關而言，財政授權的層級在許多個案中已逐漸增加，有關的細節並已列入各執行機關有關文件中。財政部與八個主要部會已共同編印財政授權的層級，某些部會並已建立良好的追蹤紀錄，如此將導致財政授權層級的增加。而上述過程將會持續下去（Butler, 1993:401）。

八、高級文官文化的改變

柴契爾夫人主政期間經常安排親信及拔擢與其風格相近的

人，企圖改變高級文官的文化，使高級文官成為管理及解決問題取向者，而非政策上的爭論者，亦即高級文官應該是如何執行某項政策以及如何最有效地執行各部會首長們所要求的某項政策（Oliver, 1991:71; Peters, 1993:39-40）。此點可從威爾森（Graham K. Wilson）對高級文官所做的訪談中獲得證實：即絕大部分的高級文官認為文官體系已經有重大的改變，而且此一重大改變有一部分係對於管理工作的強調；幾乎有同樣多數的文官認為對政策執行的重要性亦有相當大的提高；惟只有少數的文官能從管理及執行上獲得工作滿足（Wilson, 1991:333-336）。因此，威爾森（Wilson, 1991:341）認為在「續階計畫」尚未被廢止之前，文官自視為管理者或執行者的趨勢將會增強。

九、導致文官士氣的低落

在柴契爾夫人執政期間，文官遭到貶辱，文官辭職率因而大幅提高。許多文官不滿以私人企業的方法來從事公務，因而離開政府部門轉入私人企業工作藉以增加個人的收入。再加上長期以來一直從外界延攬人才半途進入文官體系，以及任命私人企業的主管來負責屬於「續階計畫」的執行機關之業務，更加速了文官的離職率，而使得文官體系的特質產生重大的變化。文官可能變成一個缺乏專業價值與傳統的團體，並且成為一個同質性的團體，即它的成員僅以其個人生涯的一部分貢獻心力給政府（Rose, 1989:93-94）。

十、有關公共服務組織與管理的假定受到挑戰

　　柴契爾夫人主政期間所進行的一連串行政革新具體措施，使得過去有關公共服務組織與管理的假定受到前所有未有的挑戰，茲將過去與現在的假定列表如**表6-1**（Stewart and Walsh, 1992:509-510）：

表6-1　有關公共服務組織與管理的假定

假定	過去	現在
1.自給自足	由大型公部門組織來承擔	由不同的執行機關來運作，給予能力與管制角色的發展，外包
2.直接控制	經由組織層級節制體系不斷的監督	經由契約協議的規定，績效目標，競爭與貿易關係之發展
3.一致性	提供服務基於一致的原則	不同的提供服務者，重視選擇
4.責任	公務員經由政治過程向接受服務者負起責任	對顧客負起責任，管制者與檢查者為顧客的代理人
5.標準化的用人程序	人事政策要求標準作業程序	激勵的強調，新的待遇結構
6.組織文化	行政與專業的文化	企業家的文化，績效衡量的強調，管理的改變

第六節　結語

　　行政革新是為了克服各種外在政治、社會、經濟和文化環境因素及內在官僚行為的阻力，人為地誘導行政轉換的過程。英國柴契爾夫人上台以來所推動的行政革新，可說是切中時弊的全方位改革，其繼任者梅傑首相採務實的作法，繼續推動行政革新，均使得文官體系的本質發生了重大的變化，值得我們學習與借鏡。

　　行政革新是長期性、創新性、前瞻性、效益性及全面性的工作，欲使行政革新能夠全功，需要重視與培養有利於革新的條件與環境，即對於改革推動者的政治意志與支持、資源分配、政治責任與行政責任的確立、改革時機與策略、抗拒改革等均應加以考量。行政革新不應是止於一些瑣碎小事，而應該有宏觀與改革的毅力，而且要努力不懈，方能見效。

參考書目

江明修（民81），〈兩岸行政革新的困境與展望：理性型模、詮釋型模與批判型模〉，台海兩岸政經發展經驗學術研討會，國立成功大學逸仙社會科學研究中心主辦。

吳定（民80），《公共行政論叢》，台北：天一圖書公司。

陳德禹（民77），〈行政革新的再發展〉，銓敘部主編，《行政管理論文選集》第三集，台北：銓敘部，第381頁至394頁。

彭文賢（民77），《行政生態學》，台北：三民書局。

黃臺生（民83a），〈英國中央行政機關的組織及其權力〉，《人事行政》，第109期，第2頁至21頁。

黃臺生（民83b），〈英國三次重大文官改革〉，《人事行政》，第110期，第9頁至21頁。

葉維銓（民82），〈公元二○○○年加拿大的政府服務〉，《人事月刊》，第16卷第6期，第65頁至71頁。

詹中原（民82），《民營化政策：公共行政理論與實務之分析》，台北：五南圖書出版公司。

張潤書（民78），《行政學》，台北：三民書局。

Butler, R. (1993). "The Evolution of the Civil Service: A Progress Report," *Public Administration*, Vol. 71, Autumn, pp.395-406.

Caiden, Gerald E. (1976). *Administrative Reform*. Chicago: Aldine Publishing Company.

Caiden, Gerald E. (1990a). "Postscript: Public Administration and Administrative Reform," in Gerald E. Caiden and Heinrich Siedentopf (eds.), *Strategies for Administrative Reform*. Lexington, MA: Lexington Books, pp.221-231.

Caiden, Gerald E. (1990b). "Reform or Revitalization?" in Gerald E. Caiden and Heinrich Siedentopf (eds.), *Strategies for*

Administrative Reform. Lexington, MA: Lexington Books. pp.85-92.

Caiden, Gerald E. (1991). *Administrative Reform: Comes of Age.* New York: Walter de Gruyer.

Chapman, Richard A. (1990). "Strategies for Reducing Government Activities," in Gerald E. Caiden and Heinrich Siedentopf (eds.), *Strategies for Administrative Reform*. Lexington, MA: Lexington Books, pp.59-69.

Fry, G. K. (1984). "The Development of the Thatcher Government's Grand Strategy for the Civil Service: A Public Policy Perspective," *Public Administration*, Vol. 62, Autumn, pp.322-335.

Fry, G. K. (1988). "The Thatcher Government, the Financial Management Initiative, and the New Civil Service," *Public Administration*, Vol. 66, Spring, pp.1-20.

Fry, G. K. et al. (1988). "Symposium on Improving Management in Government," *Public Administration*, Vol. 66, Winter, pp.429-445.

Gray, A. and Jenkins, B. (1992). "The Civil Service and the Financial Management Initiative," in C. Pollitt and S. Harrison (eds.), *Handbook of Public Service Management*. Oxford: Blackwell Publishers, pp.168-178.

Harrison, A. and Gretton, J. (eds.) (1987). *Reshaping Central*

Government. New Brunswick: Policy Journals/Transaction Books.

Hennessy, P. (1990). *Whitehall.* London: Fontana Press.

HM Treasury (1992, 1993). Civil Service Statistics, 1992 (ed.) and 1993 (ed.). London: HMSO.

Kent, C. (1987). *Entrepreneurship and the Privatizing of Government.* New York: Ouorum Books.

Lovell, R. (1992). "Citizen's Charter: The Cultural Challenge," *Public Administration,* Vol.70, Autumn, pp.395-404.

Oliver, D. (1991). *Government in the United Kingdom: The Search for Accountability, Effectiveness and Citizenship.* Buckingham: Open University Press.

Osborne, D. and Gaebler, T. (1992). *Reinventing Government: How the Entrepreneurial Spirit is Transforming the Public Sector.* Reading, Massa: Addison-Wesley Publishing.

Pendleton, A. (1994). "Structural Reorganization and Labour Management in Public Enterprise: A Study of British Rail," *Journal of Management Studies,* 31:1 January, pp.33-53.

Peters, B. G. (1993). "The United Kingdom," in M. D. Hancock (ed.), *Politics in Western Europe.* London: The Macmillan Press, pp.21-44.

Rose, R. (1989). *Politics in England: Change and Persistence,* 5th ed. London: Macmillan.

Savas, E. S. (1992). "Privatization in Post-Socialist Countries," *Public Administration Review*, 53 (6), pp.573-581.

Stewart, J. and Walsh, K. (1992) "Change in the Management of Public Services," *Public Administration*, Vol.70, Winter, pp.499-518.

Thatcher, M. (1993). *The Dowing Street Years*. London: Harper Collins Publishers.

Wilenski, P. (1986). "Administrative Reform: General Principles and the Australian Experience," *Public Administration*, Vol.64, Autumn, pp.257-276.

Wilson, G. K. (1991). "Prospects for the Public Service in Britain: Major to the Rescue?" *International Review of Administrative Sciences*, Vol.57, pp.327-344.

第七章

英國布萊爾的「現代化政府」

第一節　前言

　　自一九八〇年代以來，在公共管理領域中發生了全球性的政府改革風潮，此種全球性改革的趨勢有其雙重的意義。第一，推動政府改革的國家數目是相當的多，從英國、美國以及參加經濟合作暨發展組織（OECD）等先進國家到開發中與第三世界國家都大力推動這種改革計畫，其範圍是全球性的。第二，在改革方法與策略上較過去的改革更爲激進與徹底。故學者D. F. Kettl（2000）指稱目前世界各國正發生一場「全球性的公共管理革命」（the global public management revolution）。

　　全球公共管理革命的出現，不僅在理論上象徵者公共行政知識領域的創新，而且在實務上亦意味者政府改革行動的落實，此種政府改革運動，學者稱之爲「公共管理改革」或「政府再造」或「政府轉型」或「行政現代化」。用詞雖不一，但所代表的對象是改造「政府」，並以「小政府」爲走向，將過去政府大小通包的治理型態，轉變由社會或民間來承擔，策略上採取「民營化」、「市場競爭」、「組織精簡」等作法，希望提高行政效率與服務品質，以建立一個「企業型的政府」。

　　西元一九九七年五月英國新工黨的布萊爾（Tony Blair）贏得大選，並於該月三日開始執政，執政以來除了仍沿襲過去保守黨柴契爾政府（1979.5.4-1990.11.27）與梅傑政府（1990.11.28-

1997.5.2）的若干措施外，一掃過去舊政府所推行的「新公共管理」（new public management）路線，繼之改採「新勞工公共服務」（new labor public service）路線，並於一九九九年三月三十日公布了「現代化政府白皮書」（Modernising Government White Paper），其主要目標是在推動政府的現代化以及政府的改造計畫。

　　布萊爾的「現代化的政府」揭櫫了其治理國家的施政願景，強調行政效率及文官品質的提升，並且均以滿足人民的需求為目標，其施政理念與作法的確值得吾人學習與借鏡，謹就下列相關議題予以概述，俾能進一步作為我國政府再造的工程另一個思考的方向。

第二節　英國環境系絡

一、國情簡介

　　英國最近的概況如**第一章第一節**所述。

二、政黨輪替概況

　　第二次世界大戰之後，英國保守與工黨雖曾輪替執政，然於

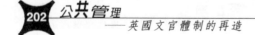
一九七九年至一九九七年間持續由保守黨執政，一九九七年五月
才轉由工黨執政。茲將一九四五年以來政黨輪替的情形列表如**表
7-1**。

三、政府體制

　　如前所述，英國爲君主政體之內閣制國家，實行三權分立，
行政、立法、司法部門分別獨立行使職權，行政部門主要包括下
列四個部分：

表7-1　一九四五年以來政黨輪替的情形

任職開始時間	首相	政黨
1945年5月23日	阿特里（Clement Attlee）	工黨
1951年10月26日	邱吉爾（Sir Winston Churchill）	保守黨
1955年4月6日	艾登（Sir Anthony Eden）	保守黨
1957年1月10日	麥克美倫（Harold Macmillan）	保守黨
1963年10月19日	道格拉斯—何姆（Sir Alec Douglas-Home）	保守黨
1964年10月16日	威爾森（Harold Wilson）	工黨
1970年6月19日	希斯（Edward Heath）	保守黨
1974年3月4日	威爾森（Harold Wilson）	工黨
1976年4月5日	卡拉漢（L. James Callaghan）	工黨
1979年5月4日	柴契爾（Margaret Thatcher）	保守黨
1990年11月28日	梅傑（John Major）	保守黨
1997年5月3日	布萊爾（Tony Blair）	工黨

資料來源：筆者自行整理。

(一) 內閣

由首相（閣揆）及閣員組成，均需經女王任命，首相通常為國會下議院多數黨領袖，閣員則多數兼具下議院議員身分，負責國家政策之制定。

(二) 各部

隸屬內閣之下，負責國家政策之執行。截至二○○一年六月十一日為止，目前主要的部分別為：內閣辦公處（Cabinet Office）、文化、媒體與運動部（Department for Culture, Media and Sport）、國防部（Ministry of Defence）、 教育及技術部（Department for Education and Skills）、環境、食品及農村事務部（Department for Environment, Food and Rural Affairs）、外交及國協部（Foreign and Commonwealth Office）、衛生部（Department of Health）、內政部（Home Office）、國際發展部（Department for International Development）、檢察總長部（Law Officers' Departments）、上議院院長事務部（Leader of the House of Lords）、大法官部（Lord Chancellor's Department）、北愛爾蘭部（Northern Ireland Office）、樞密院（Privy Council Office）、蘇格蘭部（Scotland Office）、貿易及工業部（Department of Trade and Industry）、運輸、地方政府及區域部（Department for Transport, Local Government and Regions）、財政部（HM Treasury）、威爾斯部（Wales Office）、工作及年金部（Department for Work and

Pensions）等。上述各部的文官總人數，截至二〇〇〇年四月一日為止，計四七五、四二〇人（Cabinet Office, 2001a：2）。（有關部的設立與變更、規模大小、政治地位、內部結構等，請參閱本書**第一章第六節**的說明。）

（三）執行機關（executive agencies）

附屬於各個部，主要負責執行與民眾直接相關之服務業務，是一個負責服務傳送的機關，有別於各部本身只負責政策與策略的決定。自一九八八年二月柴契爾政府推動續階改革計畫，設置此類機關以來，其數量逐年增加，至二〇〇〇年四月一日為止，已設有一〇五個執行機關，文官在執行機關工作的人數，總計三六八、九二〇人，已占全體文官人數的78％（黃臺生，民90；Cabinet Office, 2001a:5, 20）。如以部門別來區分，則執行機關的分布情形分別是：社會安全占23％，國防占17％，國內稅收占17％，國內部門占12％，教育與就業占8％，海關與國內消費稅占6％，其他部門則占17％。

（四）地方政府

負責各該行政區域的公共事務。現行的地方政府結構，主要規定在一九七二年、一九八五年以及一九九四年的地方政府法。

第三節　保守黨政府的再造經驗（1979-1997）

　　第二次世界大戰之後，英國面臨最根本的議題，就是如何維持其國家的合法性，因此亟需重新建構整個社會政策。採行的途徑，首先，強調國家統合主義，確保政府、工會及企業三者之間在治理（governance）責任分配上的合作關係。其次，國家必須擔負起「從搖籃到墳墓」整個社會政策功能的任務。第三，國家宜完全的統一而且是有組織的，文官受到層級節制，命令能夠貫徹執行，以維繫國家與社會的穩定。第四，文官所扮演的角色是以公正與專業的態度，來提供政策諮詢、建議以及執行政策，強調公部門與私部門分治，以避免因私部門之利益而影響到公共利益。

　　上述所採行的途徑，英國文官學院國際諮詢部處長Robert Behrens（2000a:5）認為是利弊互見，其優點在於政府權力集中並擁有策略性的能力，以改變當前的公共與社會政策。此外，國家的領導階層負責決策，文官負責諮詢、建議與執行。至於缺點有二：一是此種官僚模式並非以「公民」為導向，在政策決定形成過程中似乎缺少「公民社會」（civil society）的意味，如此易使文官更顯得自大與傲慢，似乎僅有他們知道的都是最好的。第二個缺點，就是文官遇到重要問題時僅考量日復一日的生存（survive）問題，而不是以結果（outcomes）為取向。如此易使

文官認為極力做好與部長的關係才是正事，而忽略了做好他們本職的工作才是他們的責任。

英國政府在第二次世界大戰之後，已失去昔日光榮偉大的世界霸主地位，雖然在一九六〇年代歷經高度富裕的時代，物價平穩，失業率極低，但在一九七〇年代卻遭遇失業率激增及通貨膨脹的經濟困境。在此一時間，保守黨強烈批評工黨政府的凱恩斯學派、福利國家主義以及集體主義的主張，極力主張應以自由市場、個人責任與個人主義加以取代，他們將自己定位為意識形態光譜的中間偏右位置，故稱為「新右派」，堅持新公共管理路線，強調卓越、品質、彈性、回應、任務、市場以及分權（Gray and Jenkins, 1995:79, 82）。當時民間企業早已不滿英國政府的管制法規過多，以及採行重稅阻礙經濟發展，而要求政府提出改革措施。此外，英國民眾也對政府的績效不彰、官僚作風濃厚大感不滿，因此，要求政府行政改革自然形成大選時的競選訴求。

一九七九年五月四日柴契爾夫人上台擔任首相，她在就職後之演說中曾提到「英國民眾對於英國王室制度及議會制度十分尊敬，但對於市場（金融制度）、工會、行政部門（文官）、英國國教教會等諸多制度卻極度厭惡」。她首先就提出了三E的改革策略：經濟（economy）、效率（efficiency）與效果（effectiveness）等三個層面來評估政府各部門的績能。同時，實施所謂「果斷政治」（conviction politics），即主張：必須減少文官扮演政策選項辯論的角色，將文官（包括高級文官）定位在傳送政策的產出功能（Metcalfe, 1993）。柴契爾首相有上述的見解，源自於她過去

擔任部長的經驗，同時更受到公共選擇學派大師W. Niskanen一九七一年經典之作《科層體制與代表性政府》（*Bureaucracy and Representative Government*）的影響。此外，亦深受美國Milton Friedman與英國倫敦經濟事務學院（Institute for Economic Affairs in London）的理念之影響（Jackson, 2001:9）。因此當她主政後，即針對大型的、集權化的與非人性化的科層體制，貫徹其改革的信念，期望蛻變爲小型的、分權化的與管理化的政府機構。

在柴契爾首相的「果斷政治」風格之下，一連串的行政改革措施逐步展開，已詳述於**第五章第四節**，此處不再贅述。

一九九〇年十一月二十八日梅傑首相執政，仍延續柴契爾夫人依據新右派思想所堅持的新公共管理路線，認爲九〇年代政府的主要目標是鼓勵企業發展的經濟環境，其次要目標分別爲：穩定物價、控制公共支出、繼續減稅、讓市場機制與誘因能夠有效運作、減少公部門分享國家的收入。梅傑首相任職至一九九七年五月二日，在此期間其所推行的行政改革主要措施略述如下：

◆一九九一年七月

向國會提出「公民憲章」白皮書（the Citizen's Charter White Paper）。此項改革計畫被定位爲是「續階改革」的續階，其核心宗旨在於改善公共服務之品質，使公共服務能符合民眾的需求，如果服務的標準無法實現，個人可以獲得補償。「公民憲章」強調民眾爲「顧客」的理念，賦予公民更多的權力，使得他們有選擇與要求品質的權利（黃臺生，民84：59）。「公民憲章」白皮書（Cabinet Office, 1991）明白揭示四項主題：(1)提升服務

品質（quality）；(2)享用服務時有更多的選擇（choice）機會；
(3)人民可以要求知曉服務的標準（standards）；(4)確保經費運
用的價值（value）。為了達成上述四項目標，「公民憲章」提出
九項改革途徑來達成：民營化、競爭、外包、功績俸、公布績效
目標、出版服務標準資訊、提供申訴程序、獨立調查，與矯正錯
誤的救濟制度。同時並提出公共服務必須遵守下列六項指導性原
則：(1)確立服務標準（standards）；(2)資訊易懂普及化、行政
透明公開化（information and openness）；(3)提供服務選擇與諮
商的機會（choice and consultation）；(4)禮貌與協助（courtesy
and helpfulness）；(5)把事情做對（putting things right）；(6)有
效的使用資源（value for money）。值得注意的是，往後「公民憲
章」每年的報告中，所列舉的指導性原則卻有不盡相同之處。

　　為了推動「公民憲章」的工作，內閣辦公處所屬的「公職與
科學局」成立了一個「公民憲章小組」來負責，同時稍後也設立
一個「公民憲章申訴處理工作小組」，專司瞭解申訴制度的運作
情形。截至一九九七年為止，公民憲章共有四十二項主要內涵，
其包含了所有的重要公民服務項目，並設定民眾所期望的服務標
準。同時，也有超過八千多個地方憲章（local charters），包含所
有地方性的服務功能，如消防、警力、國宅租戶等（OECD,
1997:280）。

◆一九九一年十一月

　　發表品質競爭白皮書（Competing for Quality），要求所有的
部得就其部分業務民營化，在民營化之前必須經過「市場測試」

（marketing test）之程序，以確定是否可經由市場提供公共服務，進行市場測試時，由私部門與政府內部的執行單位進行競標，或稱之為「策略性簽約」（strategic contracting），看此項業務是否需要由政府機關來執行？抑或是交由民間來執行？如果仍由公部門執行，是否可以契約外包方式進行？然後再決定簽約、履約與評估成果的程序（HM Treasury, 1991）。截至一九九四年九月為止的成果顯示，共有相當於二十億英鎊之業務交付檢測，而其中十一億英鎊之業務係委由民間承包。

◆一九九二年至一九九六年

一九九二年的文官法（Civil Service Act）以及一九九六年修正的管理規範（Revised Management Code）使得部長和各部門主管獲得更大管理方面的授權，即除了高級文官之外，舉凡文官的薪俸、分級列等、考績以及升遷等，均賦予各部有更大的彈性與授權（Behrens, 2000b:15）。

◆一九九六年四月

改變原有的文官分級列等制度，而另行成立一套新的高級文官制度（Senior Civil Service，簡稱SCS），人數大約三千人，均為政府的高級管理階層，他們可說是具有高度凝聚力的團體，雖由各部自行僱用與管理，但卻共同接受一個特定的管理規範即：(1)分成九個薪俸互有重疊的職等；(2)相同的工作評量系統；(3)有一份個別簽署的書面契約。高級文官如出缺，必須公開甄選，並不限於從原有的文官中擢陞。

◆一九九六年七月

全面推廣文官的訓練與發展計畫，藉以提升服務績效，其中最受矚目的就是「人民的投資者」計畫（Investors in People Programme），以激勵公務人員的學習士氣。凡認真培訓文官的政府機關（構）都可獲頒「人民的投資者」之頭銜，而且英國政府計畫在公元二千年之前，使所有的文官均在「人民的投資者」機關（構）中任職。

◆一九九六年

政府要求「執行機關」試行以「企業卓越模型」（the business excellence model）為標竿（benchmark），學習其組織發展的經驗，以改進執行機關輸入與輸出的績效（Behrens, 2000b:15）。

整體而言，英國保守黨政府在柴契爾夫人與梅傑兩位首相領導之下，所進行的改革風潮與經驗，已受到世界各國矚目，甚至英系國家如澳洲、紐西蘭等國也相繼仿效。舉凡新古典經濟學派主張的提出、國營事業民營化的具體政策推動，以及新公共管理主義的落實，均和一九八〇年代以來的行政改革潮流緊密契合。

受到新右派思想與理論的影響，保守黨政府在「政府再造」的作法上，具有以下的特色（Gray and Jenkins, 1995:79-82; Osborne and Plastrik, 1997:36-37）：

1.在明確且強大的政治指導之下，設置相關的改革推動機構（change agent），持續實施長期性的行政改革。

2.巧妙地運用輿論與大眾媒體等外部壓力，將乍見之下激烈的改革，以漸進的方式來實施。

3.在關鍵職務上晉用人才，以積極從事行政改革。

4.改革策略運用得當，諸如釐清政府部門的角色、政府功能民營化、區別政策與執行、簽訂績效契約、權力下放由執行機關自行為其績效負責、政府業務由公私部門相互競爭，透過選擇、顧客服務標準設定、顧客賠償等，對顧客負責任，以及提高管理能力與責任歸屬能力等。

保守黨政府的政府再造固有其成功之處，但缺點也不是沒有，只要是改革後的評價是正面多於負面，此種改革必將受到選民的肯定。茲將相關的批評摘述如下（Behrens, 2000a:6-7; Caiden, 1991:207；黃臺生，民90：64）：

1.保守黨政府十八年來的執政經驗，似乎將重點集中於「文官管理」的議題上，而忽視了「政策建議」的議題。弔詭的是，英國保守黨政府當時在地方政府資金、國防採購、生產經濟的復甦等問題上，均已發生了所謂的「政策危機」。

2.柴契爾首相個人對傳統文官的反感，其所採取的態度與手段，導致常任文官與政治體系不和。復以大量晉用民間人士進行改革，固然有一番新的氣象，但極易造成文官士氣低落。

3.梅傑首相所提出的公民憲章，雖促使公民服務文化的改

變，成為顧客導向的公共服務，但是民眾對其效果缺乏信任，甚至於對於公共服務的倫理基礎，特別是在私部門對公部門實務的影響力此一問題上提出質疑。

4. 至於在其他方面受到下列若干理念與實務上的批評，諸如：續階改革計畫是否經過慎思熟慮？是否會重蹈瑞典模式的覆轍呢？國會最終控制與執行機關管理者自主權之間如何調和呢？各部與執行機關之間有垂直的凝聚力，但各部、各執行機關之間似乎缺乏水平的協調；傳統的行政價值將被否定，幾使政府功能縮小到可能成為「外包政府」；民營化將造成政治責任歸屬的問題；完整統一的文官制度有解體之虞等。

第四節　布萊爾的「現代化政府」

　　一般來說，任何一種變革必然會遭致反彈，特別是在意識形態對立極為鮮明的英國，任何一黨執政均必然面對在野黨的挑戰與抨擊。C. Campbell（1995）曾指出柴契爾夫人與梅傑兩位首相在公共選擇與管理主義倡導之下，所推動的政府再造運動已經進入死巷的邊緣，改造過程的政治化，財政單位以經費強化自己的領導地位，對於管理自主權的下放卻相當的有限，以致造成文官之間、文官與政務官之間的猜忌與不信任，因此，亟需對當前政府再造運動進行一次再造。

一九九七年五月三日新工黨布萊爾首相上任後，新工黨對是否應對過去執政十八年的保守黨政府的行政革新及文官體制再進行一次修正，經過長時間的討論，終於在一九九九年三月及十二月分別提出「現代化政府」白皮書及新的「文官改革」方案。相較而言，新工黨並未對舊文官體制進行大幅度的改革，甚至對保守黨政府的民營化措施踩煞車，因而使得部分人士懷疑布萊爾政府是反保守黨政府改革，欲回歸傳統的文官體制。事實上，布萊爾政府做了若干澄清並明白宣示，新政府並非反革命，也沒有拋棄保守黨政府再造的策略，但也非一成不變地因循其新公共管理路線。新工黨於是提出所謂的「新公共服務」路線（new public service）為其執政的藍圖。它是融合過去傳統文官體制與保守黨政府路線的特徵，再加上自己的理念而形成第三條路線。

　　從政治思想的觀點而言，新工黨所堅持的是修正的社會民主路線，所謂的「第三條路線」（the third way）已經逐漸同布萊爾和新工黨的政治戰略聯繫起來。因此有必要先對下列兩個概念加以釐清，一是舊、新工黨的主張，另一是第三條路線。

一、舊、新工黨的區別

　　布萊爾於一九九四年擔任工黨黨魁後，力主擺脫該黨許多傳統的左傾政策，走出歷史上工黨激烈社會主義路線的刻板印象，在維持工黨照顧弱勢的傳統下，積極開發社會的原動力。脫胎換骨後的「新工黨」，堅持向中間路線靠攏，布萊爾本人則著重：

解決實際問題、化解黨派對立、與時代的需求完全契合。舊工黨
與新工黨的區別在於（丘昌泰，民89：43；鄭武國譯，A.
Giddens著，民88：8-12）：

1.前者主張集中化的計畫經濟，後者主張自由經濟。
2.前者支持高賦稅政策，後者則支持低賦稅政策。
3.前者認為公共所有權，後者則相信社會目標可經由正確地
　管制市場而實現。
4.前者將高度的公共支出與高度的社會平等劃成等號，後者
　則認為要花多少錢並不重要，重要的是如何花錢？
5.前者主張以國家解決民眾問題，後者則主張由人民自己的
　力量解決自己的問題。
6.前者主張與歐洲隔離，後者主張應該加入歐洲體系。
7.前者主張統合主義的政經模式，希望將工會勢力集體納入
　政黨事務；後者則主張利害關係人主義的政經模式，讓個
　別工會涉入政黨事務。

二、第三條路線

　　新工黨強調的是一個全新的社會民主政黨，而非國家化的、
受到工會控制與國家壟斷的階級政黨。新工黨的「第三條路」，
是一種中間偏左的路線，它試圖超越老式左派的社會民主主義和
新右派的新自由主義或柴契爾主義。第三條路的政治，期望追求

社會民主的價值，即英國著名社會理論大師A. Giddens所謂的「第三條路價值」諸如：(1)平等；(2)對弱者的保護；(3)作為自律（自主）的自由；(4)無責任即無權利；(5)無民主即無權威；(6)普世性的多元主義；(7)哲學上的保守主義（鄭武國譯，A. Giddens著，民88：75-76）。

在英國，A. Giddens常被人稱為布萊爾首相的精神導師，足見他對新工黨的演化影響甚鉅。他曾提出一份完整的第三條路政治綱領的大綱，以為對國家和政府進行改革的一項基本導向性原則。第三條路政治綱領分別為（鄭武國譯，A. Giddens著，民88：80）：(1)激進的中間派；(2)新型的民主國家（沒有敵人的國家）；(3)積極的市民社會；(4)民主的家庭；(5)新型的混合經濟；(6)包容性的平等；(7)積極的福利政策；(8)社會投資的國家；(9)世界性的國家；(10)世界性的民主。

三、現代化政府

新中間路線的布萊爾政府強調「現代化」。政府的立場是企圖對英國經濟與社會生活予以全面現代化。布萊爾政府並未放棄市場的原則，但是堅持必須更實際地運用，尤其是在行政體制與文官執行政策上更應具有策略性的作法。分權是政府的另一立場，政府不採取行政策略，而是透過主要的憲政改革，業已將政治權力下授給蘇格蘭、威爾斯以及北愛爾蘭。

一九九八年十月布萊爾首相針對文官的一篇演說中

（Behrens, 2000b:20-21），曾提到他本人對文官公共服務倫理
（public service ethic）極為讚賞，並感謝文官們在政黨輪替之後
公正無私地執行工作，但是這並不意味著文官每件事情均處理得
十分完美，在政府的改革方案中文官無權豁免，文官在執行政策
時可以而且必須做得更好（things could and must be done
better）。更明確地說，文官應當更有國際觀、更有創新力、更富
有冒險性（less risk-averse）。同樣的，文官應跨部會的合作，對
於未來優先辦理的事務更應具策略性的思考。

　　一九九七年三月三十日布萊爾政府頒布「現代化政府白皮書」
（Modernising Government White Paper），誠如布萊爾首相所言：
「現代化政府」是長期改革計畫的重要步驟，它是使英國再復興
的主要方案。過去有關政府爭論的議題諸如：大政府與小政府、
政府介入與自由放任，如今業已過時，目前最合適的議題就是現
代化的政府、更佳的政府以及公益的政府（Cabinet Office,
1999:4）。

　　「現代化政府」是英國政府再復興與革新方案的主軸，現代
化的主要目的（purpose）在於使人民與企業生活得更好（to
make life better for people and business）。它是長期的改革計畫，
所揭櫫的三個目標（aims）為：(1)確保政策決定更具協調性
（joined up）與策略性（strategic）；(2)以公共服務的使用者為中
心，政府提供的服務更能符合人民的生活；(3)公共服務的傳送
是高品質與高效率的（Cabinet Office, 1999:6）。

　　「現代化政府白皮書」的主要內容有下列五項，茲概述如下

（Cabinet Office, 1999）：

（一）政策決定（policy making）

傳送服務的政策形成應具有前瞻性（forward looking），而不是僅反應短期的壓力，將採取下列措施：

1. 新成立「管理及政策研究中心」（Centre for Management and Policy Studies，簡稱CMPS），以促進與落實最佳決策的形成。
2. 針對部長與文官舉辦共同的訓練。
3. 引進同級審核（peer reviews）制度，以評估各部執行「現代化政府白皮書」是否落實。

（二）回應式的公共服務（responsive public services）

公共服務的傳送應符合公民的需求，而不是為了提供服務者的便利。將採取：

1. 同心協力排除傳送公共服務的障礙，透過傾聽人民的心聲、中央政府制定新的服務標準、提供單一窗口服務（one-stop shops）、地方夥伴關係等。
2. 回應與照顧不同團體的需求、回應企業的需求，以及回應真實生活的服務。

（三）高品質的公共服務（quality public services）

政府應傳送有效率、高品質的服務，而不是容忍平庸的服務。將採取：

1. 審核中央與地方政府各部門未來五年內所提供的，是否為最佳的服務供給者。
2. 所有公部門設定新的目標，以實質改進公共服務的品質與效果為其焦點。
3. 嚴密的檢視各單位的績效，單位的服務績效如不佳則政府應積極介入，如績效良好則在管理上賦予更多的自由。

（四）資訊時代的政府（information age government）

政府應運用新的科技，以肆應人民與企業的需求，而不尾隨在科技發展之後。將採取：

1. 發展政府整體的資訊技術（Information Technology，簡稱IT）策略，諸如：政府安全內部網路（intranet）、二十四小時健康照顧諮詢、電子化退稅措施、針對學校的教育資源所設的國家學習格道（national learning grid）、中央與地方政府資訊技術的合作、電子化的徵才服務、數位簽章、電話中心以及各類網站等，以建立政府間的協調機制與架構。
2. 要求各項電子化傳送服務，訂定明確的目標與進度。

(五) 公共服務 (public service)

政府重視公共服務，而不會沾污它。將採取：

1. 透過訓練與發展使文官現代化，修正績效管理制度，妥善處理文官中婦女、少數民族與殘障者代表性不足的問題，以及激發文官的創新能力。
2. 建立「公部門僱用論壇」(public sector employment forum)，將負責國家健康服務、教育、地方政府以及其他相關部門的文官合署辦公，以交換經驗，並共同處理有關人事問題，諸如：生涯管理、潛能發展、績效管理、聯合訓練以及聯合就業活動等。

第五節　評述

「現代化政府白皮書」於一九九九年三月三十日頒布，它是文官未來十年改革過程的重要藍圖，其重要性誠如英國內閣秘書長兼國內文官首長Sir Richard Wilson (1999a:4) 所言：「它如同十年前之續階計畫改革一樣的重要。現代化政府的主要目的在於追求更佳的決策，更能反映民之所欲，以及提供更有效能的公共服務。」

布萊爾首相所提出的「現代化政府白皮書」，實際上是一場

寧靜的革命（a quiet revolution），所涉及的範圍包含：文官、公
共服務使用者，設定新的目標，且包含政策決定。綜合言之，吾
人認為此一長期性的革新方案具有以下幾項特色，茲分述如下：

一、強化政策能力

　　過去保守黨政府所推行的政府再造，似乎太重視管理改革，
致力於生產力的提升、金錢的有效運用與較佳的傳送服務。然而
對於政策過程、符合人民需求的方式較少注意，因此所制定的政
策常常較無協調性、無跨部會的、甚至無跨中央與地方的，而且
無策略性與長期性的政策產出。有鑑於此，有必要在英國政府的
核心所在：內閣辦公處，加強其政策能力。在制度設計上採取的
措施有二：一方面，以不同的方式處理橫切面的政策（cross-
cutting policies），特別是在社會排除、性別平等以及藥物濫用等
議題上，成立特別小組處理各該項問題。例如在內閣辦公處成立
跨部會的社會排除小組（Social Exclusion Unit），同心協力、集
思廣益地設計更好及有效的政策，以解決目前社會上不平等之缺
失。另一方面，則是在內閣辦公處之下設立兩個新的單位，向各
部部長提供建議與意見，有別於過去保守黨政府，政策意見提供
者係來自於私部門以及各類非屬政府部門的智庫（think tanks）。
　　首先，於一九九九年四月一日成立「績效與創新小組」
（Performance and Innovation Unit，簡稱PIU），直接受首相的監
督。它是屬於體制內對於有關跨部會的相關議題，所設的高層級

管理諮詢機制。績效與創新小組並不會重複處理現有部會既有的工作，它提供首相具有策略性全球觀點的政策意見，並提出政策創新意見，以促進跨部會的協調合作以及改善公共服務的傳送。在二〇〇〇年至二〇〇一年期間，該小組業已向首相提出極有價值的八篇報告（Cabinet Office, 20001b:13）。

其次，另於一九九九年四月一日在內閣辦公處之下新成立「管理及政策研究中心」（CMPS），以強化文官集體意識與行政倫理，並減少高級文官訓練課程中有關「市場原則」的理念。該中心的角色，在於促進協調可行性的政策，並要求文官與部長確實具備推動該項政策的能力。這是以前推動管理改革的保守黨政府所欠缺的。有趣的是，該中心業已史無前例地針對部長舉辦一系列的「政策發展」研討會。

「管理及政策研究中心」業於二〇〇〇年四月一日將文官學院併入該中心之內，文官學院因而失去「執行機關」的地位，惟仍負責文官訓練與發展之工作。管理及政策研究中心所屬之另兩個部門分別為：發展與訓練組（負責高級文官與文官相關發展與訓練問題）與政策研究組（負責可行性政策的推動與英國管理改革的評估）。該中心的主任相當於文官最高等級（常務次長）此一層級，直接向首相負責，而文官學院是該中心的核心機構，已由單純的訓練機構，提升至提供政府政策規劃之諮商角色。管理及政策研究中心的角色除了訓練之外，亦擔負起評估各部會執行現代化政府白皮書是否落實的責任，可說是政府現代化議程最直接的貢獻者。

二、公民導向的公共服務

如前所述，保守黨的梅傑首相於一九九一年七月向國會提出「公民憲章白皮書」，其目的是將「顧客導向」的觀念注入公共服務的傳送過程中，並承諾為公民提供最佳的服務品質。「公民憲章」雖然促使公民服務文化的改變，諸如對服務的使用者更加友善、設定績效目標以及透明化等，成為顧客導向的公共服務，但後來受到執政的新工黨布萊爾政府之批評：(1)保守黨政府基本上是採取由上而下的途徑；(2)過分重視顧客導向，反而忽略了「公民」的角色。基於此，布萊爾政府作了兩項修正：(1)採取由下而上的途徑；(2)強調「公民」在公共服務提供過程中的角色。並將「公民憲章」重新命名為「服務第一」（Service First），賦予它很大的包容力，以瞭解公民對公共服務實際的想法。

一九九八年六月一日布萊爾政府提出九項「服務第一」的原則（丘昌泰，民89：153-154）：

1. 「第一條：設定服務標準」：設定使用者可預期的、清楚的服務標準；績效追蹤與公布結果。

2. 「第二條：保持開放，提供充分資訊」：保持開放性，以口語化的文字有效地與清楚地進行溝通；協助民眾使用公共服務；提供充分的公共服務資訊、成本與執行方式。

3. 「第三條：諮詢與參與」：諮詢與參與公共服務的現行與潛在使用者，以及那些服務人員，以他們的觀點來改進公共服務。

4. 「第四條：鼓勵接近性（access）與選擇（choice）的促銷」：爲需要者提供必要的服務，包括以科技儘可能提供完整的選擇機會。

5. 「第五條：公平對待所有人」：尊重他們的隱私權與尊嚴，對待人應該是有禮貌的與有所助益的；對於有特別需求者尤應特別加以注意。

6. 「第六條：當事情做錯時，必須要使其做對」：快速地與有效地使事情做對；從抱怨中學習；具有清晰、公開與容易使用的抱怨程序；儘可能運用獨立的評審。

7. 「第七條：有效地運用資源」：有效地運用資源，爲納稅者與使用者提供最佳的價值。

8. 「第八條：創新（innovation）與改進（improvement）」：隨時尋找改進服務與設備之方式。

9. 「第九條：與其他提供者一起工作（working with other providers）」：確保服務容易使用，爲使用者有效地提供更佳的服務。

爲了鼓勵公共服務品質的競爭，仍然沿襲過去保守黨政府所設計的憲章標誌獎（Charter Mark Award），以表揚追求卓越服務的公共組織，人民可以提名服務認眞、績效卓著的公部門，以接

受此一最高榮譽的獎勵。

　　布萊爾政府強調「公民導向」的公共服務，除了「服務第一」之外，另有兩項措施：人民審查小組（People's Panel）與公部門標竿學習計畫（Public Sector Benchmarking Project），亦值得吾人注意。

　　「人民審查小組」設置的主要目的，在於提供人民有關公共服務可靠的與公正的資訊，無論資訊是質化的與量化的均包含在內。這是在西歐國家之中，最大的資訊蒐集活動。該小組係以隨機抽樣的方式，從不同的年齡、性別、地區中選出五千人組成，並對相關的議題，諸如健康服務策略的發展、交通、住宅、社會安全服務的現代化等，提出持續性的回饋意見（Behrens, 2000a:11）。此種傾聽人民心聲的作法，不僅可以補充政府各部會自行研究的發現，而且可以在訂定各部的「公共服務協定」（Public Service Agreements）時，作為設定績效目標之參據（Cabinet Office, 1999:25）。

　　至於「公部門標竿學習計畫」，旨在廣泛地運用「以卓越的企業為標竿」的理念，要求公部門努力學習與分享卓越企業優質服務的經驗，並落實各部門有關傳送公共服務之良法美意。

三、公共服務協定

　　布萊爾政府對於過去保守黨政府所從事的管理改革成果，並未完全摒棄，仍以過去的經驗為基礎繼續從事行政革新。公共行

政的效率仍爲布萊爾政府施政的優先目標，重視「公共利益」已成爲政府的「目標」而非「副產品」。一九九八年所出版的《綜合性支出評論》（*Comprehensive Spending Review*），業將公共支出（諸如教育、衛生等）重新分配與排定其優先次序，並得以處理跨部會的相關議題（Cabinet Office, 1999:17）。各部必須依據綜合性支出評論簽訂「公共服務協定」（Public Service Agreements）。該協定爲期三年，係由各部與財政部協商訂定，協定的內容包括設定整個政府體系內的目標與任務；資源設定爲期三年，以方案分期實施；設定績效目標與改進生產力的目標，諸如：減少欺騙與因病缺席之情形、改進採購作業、電子化政府、改進顧客服務、資產銷售等（Behrens, 2000b:24）。

此種公共支出規劃與控制的新途徑，具有以下三個意涵：第一，各部政策規劃改以三年爲一期。第二，使得各部的績效目標更爲明確，與過去的政策目標是以各部所屬的「執行機關」爲主，大爲不同。第三，重申政府的政策即：政策規劃的結果如果不會提升效率，則公共支出將不可能增加。

此外，爲了提升與改進傳送服務的管理機制，另成立新的「公共服務生產力小組」（Public Service Productivity Panel），邀請公、私部門的專家，共同協助有關部會以改進其傳送服務的效能（Cabinet Office, 1999:37）。

四、推動文官改革

　　英國內閣秘書長兼國內文官首長Sir Richard Wilson爲回應
「現代化政府白皮書」，以確保政府的方案能有效地傳送，以及全
力支持文官現代化的方案，於一九九九年十二月向布萊爾首相提
出了新的「文官改革方案」（Civil Service Reform Programme）。

　　在Wilson（1999b:1）給布萊爾首相有關新的文官改革報告
中，開宗明義地指出：「目前文官所運作的環境急遽的變遷，在
資訊科技、媒體、電子通訊以及歐洲憲政體制的現代化之下，人
民需要更高品質的服務。當然，現行政府也必須將所有變遷迅速
以及新的回應方式列爲優先考量。政府的服務必須同樣地回應這
些急速的變化，並經常將卓越（excellence）、創新（innovation）
與最佳價值（best value）列爲政府的目標。」

　　基此，英國目前已經在積極推動的文官改革，包含下列六項
主題：具有明確目的以及強而有力的領導、更佳的企業規劃、更
明確的績效管理、更能明顯地改進多樣化（diversity）、文官的思
維觀念更加開放且更具才能，以及更能妥善處理文官的事務。新
的文官改革方案，期望達成以下的目標（Wilson, 1999b:2）：創
造一個更開放、多樣與專業的文官，並將公共利益列爲優先；文
官能具備創新、創造與學習的能力；能負起個人責任；能與他人
合作；能運用新技術傳送高品質且具有良好價值的服務成果。

　　英國文官管理委員會（Civil Service Management Board，簡

稱CSMB）於二〇〇〇年十二月出版有關新的「文官改革方案」
首次年度報告，從該報告中得知，業已按改革方案的進度實施，
成效卓著（Cabinet Office, 2001b:16-17）。

布萊爾政府雖然在意識形態上與過去的保守黨政府不同，但
在政府再造路線上似乎變動相當有限，看不出有較特別突出的變
化，目前比較顯著的成果是「公民服務文化」的改變，即由新公
共管理路線強調以「顧客為導向」的公共服務，改為新公共服務
路線強調以「公民為導向」的公共服務，他們所提出的「服務第
一」九項原則受到相當重視。此外，「現代化政府」所強調資訊
時代之下，如何使政府更具回應能力與提供更高的服務品質，亦
令人矚目。

布萊爾政府對「公民導向」公共服務的倡導與實踐，正與R.
B. Denhardt和J .V. Denhardt 所提出「新公共服務」（new public
service）理念，相互呼應。Denhardt兩氏（2000:549）所提出
「新公共服務」理念的主要理由，是受到一九九八年C. King和C.
Stivers在《政府即我們》（*Government is Us*）一書中的影響，該
書強烈地質疑在新公共管理的觀點下，政府這艘船的主人到底是
誰？是行政人員還是一般的公民？新公共管理似乎只強調行政人
員的角色與專業性，期使政府能像企業一般的運作，而忽視了
「公民」的角色與本質。因而於二〇〇〇年第六〇卷六期的《美
國公共行政評論》發表「新公共服務」的理念，此一理念的理論
基礎為（Denhardt and Denhardt, 2000:552-553）：(1)民主公民資
格；(2)社群與公民社會；(3)組織人性主義與對談理論。在上述

三項理論基礎之上，他們提出新公共服務的七項原則，使行政人員能協助公民明確表達並符合公共利益，而非僅只想操控與導引社會。這七項原則是：(1)服務，而非領航；(2)公共利益是行政的目標，而非副產品；(3)思維要講求策略，行爲要符合民主；(4)服務公民，而非服務消費者；(5)課責途徑並非單一；(6)尊重民衆，而非生產力；(7)將公民資格與公共服務置於企業化精神之上（Denhardt and Denhardt, 2000:553-556）。這似乎印證了新世紀新「公共服務」理念的建立，必須以「公民」倫理爲基石。

在公共服務供給方面，過去保守黨政府係將重心由「科層組織」移到「市場」，然而新工黨政府的政策則正好相反，將重心由「市場」移轉到「科層組織」，惟此並不意味著科層組織完全不受節制，並認爲相當幅度的管制有其必要。例如在地方政府實施的「最佳價值」（Best Value）方案，已不再強迫地要求它們從事競標，期望它們的績效如同外在的供給者一樣的好。另外，在國家健康服務方面亦是如此，買方與賣方每年之契約已改爲三年一期，一般公共支出的目標，亦是以三年爲一期。因此，政府部門能否傳送公共服務的附加價值，已引起注意與討論。Jackson（2001）認爲公部門資源分配的機制，必須尋求合作與參與，而不是競爭與控制，做好經紀人的角色，始能產生附加價值。這樣的思考方向，值得吾人參考。

英國固有行政文化的核心價值所強調的是功績主義、行政中立、將最佳獨立的意見提供給政府決策者參考。這是英國文官文化的特色，惟在肆應新工黨政府所提出「現代化政府」方案與新

世紀挑戰時，英國國內文官首長Wilson（1999a:6）指出：「行政文化中其他的價值尚有待建立，諸如溝通文化、如何傳送的文化，以及重視多樣化的文化，這必須要本人與所有的常務次長以身作則，以及所有的文官共同的努力，始竟其有功。」此方面的努力值得吾人肯定與相信，因為英國不會像其他西歐國家一樣，將行政改革的問題留給文官。目前英國的領導階層業已設定改革目標，運用他們的政治權威要求文官劍及履及地貫徹執行。新工黨政府採較務實的作法，少意識形態的問題，修正的社會民主是否眞能實踐，吾人將拭目以待。

第六節　結語

政府再造的必然性，除了來自外在環境力量的推波助瀾之外，更需來自內在的願力。英國從過去保守黨政府到目前新工黨政府所推行所謂的「西敏寺」再造模式（Westminster Model），實際上就是「治理」模式的轉變，即從「強勢國家單獨治理」模式，轉變為「國家社會共同治理」模式。認為政府不再是萬能，政府應依環境變遷與民眾的需求，調整政府的角色與職能，以強化政策規劃能力與提升行政效率，並改變文官的服務觀念，以及提升行政服務的品質。

西敏寺的政府再造經驗影響了世界各國。目前政府在台灣所推行的各項行政改革，亦或多或少的受到影響。尤其是在跨世紀

的公元二○○○年大選之後，台灣歷經了歷史上第一次的政黨輪替，民進黨政府在面對全球化以及知識經濟時代的挑戰之下，不斷地改革似乎是提升台灣競爭力無可迴避的道路。

民國九十年二月底行政院研究發展考核會負責召開「全國行政革新會議」，作為政府推動行政革新的重要一步，將朝向合理行政組織體制、優質公務人力、落實民意及貫徹公權力的方向邁進。會議結論中計有一百三十八項應辦的具體行動事項，吾人期望政府未來施政的重點，能夠參採西敏寺的政府再造經驗真正落實推動，讓政府活潑啟動並展現活力，為全民提供全新世紀的服務。

參考書目

丘昌泰（民89），《公共管理：理論與實務手冊》，台北：元照出版公司。

黃臺生（民83），〈英國三次重大改革〉，《人事行政》，第110期，第9頁至21頁。

黃臺生（民84），〈行政革新：英國的經驗（下）〉，《人事月刊》，第20卷第1期，第58頁至66頁。

黃臺生（民90），〈英國新的政府機制——執行機關〉，《考銓季刊》，第25期，第55頁至68頁。

鄭武國譯（民88），A. Giddens著，《第三條路：社會民主的更

新》，台北：聯經出版公司。

Behrens, R. (2000a). *The Modernisation of Public Administration in the United Kingdom*. Sunningdale Park: Civil Service College.

Behrens, R. (2000b). *The Context of the UK Civil Service Reform White Paper 1999*. Sunningdale Park: Civil Service College.

Cabinet Office (1991). Raising the Standard: the Citizen's Charter, Cm1599. London: HMSO.

Cabinet Office (1999). Modernising Government, Cm4310. London: HMSO.

Cabinet Office (2001a). *Civil Service Statistics 2000*. London: HMSO.

Cabinet Office (2001b). The Government's Expenditure Plans 2001-02 to 2003-04 and Main Estimates 2001-02, Cm5119. London: HMSO.

Caiden, G. E. (1991). *Administrative Reform: Comes of Ages*. New York: Walter de Gruyter.

Campbell, C. (1995). "Does Reinvention Need Reinvention? Lessons from Truncated Managerialism in Britain," *Governance*, Vol.8, No.4, pp.479-504.

Denhardt, R. B. and Denhardt, J. V. (2000). "The New Public Service: Serving Rather than Steering," *Public Administration Review*, Vol.60, No.6, pp.549-559.

Gray, A. and Jenkins, B. (1995). "From Public Administration to

Public Management: Reassessing a Revolution?" *Public Administration*, Vol.73, Spring, pp.75-99.

HM Treasury (1991). Competing for Quality, Cm 1730. London: HMSO.

Jackson, P. M. (2001). "Public Sector Added Value: Can Bureaucracy Deliver?" *Public Administration*, Vol.79, No.1, pp.5-28.

Kettl, D. F. (2000). *The Global Public Management Revolution*. Washington, DC.: Brookings Institution Press.

Metcalfe, L. (1993). "Conviction Politics and Dynamic Conservatism: Mrs. Thatcher's Managerial Revolution," *International Political Science Review*, Vol.14, pp.351-372.

OECD (1997). *Issues and Developments in Public Management: Survey 1996-1997*. Paris: OECD.

Osborne, D. and Plastrik, P. (1997). *Banishing Bureaucracy: The Five Strategies for Reinventing Government*. New York: Addison-Wesley.

Wilson, R. (1999a). The Civil Service in the New Millennium. http://www.cabinet-office.gov.uk/1999/senior/rw-speech.htm.

Wilson, R. (1999b). *Civil Service Reform Report* (December). London: HMSO.

第八章

英美兩國文官改革之比較

第一節　前言

　　基本上文官改革是個人與團體之間對於大有為政府應該採取
何種立場的一連串政治性辯論。這次政治性辯論的結果,對於文
官制度的建立是非常重要的,因為此關係著文官的政治中立、對
於行政領導的回應、行政責任、文官的專業能力,以及公眾道德
的表現。然而對於誰來當統治者以及對於整個國家發生何種程度
的影響來說,卻是意味深遠的。

　　一九八○年代的英國文官制度正處於此一類似的政治性辯論
之中。英國首相柴契爾夫人接受其政治顧問瑞納爵士之建議,致
力於消除政府浪費及改革行政效率。他們曾企圖在一九八四年之
前裁撤十萬個職位,廢除司處長職位,使服務更具效率,並將某
些由政府機關執行的工作轉由私人企業經營,以節省公帑。但在
此同一期間,專家學者們對於文官遭受如此激烈的批評,深感不
滿。他們甚至對於「經濟」與「效率」此二種標準是否可以適用
到文官上,亦從未有一致的觀點。

第二節　文官制度之產生

　　一九八○年代的努力,當然不是英國第一次文官改革運動。

自從一八五三年諾斯考特與崔維萊恩兩位爵士提出知名的「常任文官組織報告書」（Report on the Organization of the Permanent Civil Service）時，即已爲英國本土確定了公開競爭考試及永業化文官的原則。一八五三年到一八七〇年之間，英國文官改革並不是一下子創造出來的，而是由許多複雜因素匯集而成的。非常明顯的是文官改革者的目的與方法雖不一致，但改革過程卻歸納了各方不同的意見。諾斯考特與崔維萊恩的報告是由於國會關切政府公務「經濟」，而授權其提出，但是他們更進一步地於報告中強調行政效率的提高，必須有賴於政治中立、能力勝任的行政官員。他們的觀念就是要肅清社會腐敗之風氣，在政治與教育上施行「功績政治」（meritocracy）（Chapman and Greenway, 1980:Chap.1）。執行該報告的幾位首相，著名的如葛萊斯頓（W. E. Gladstone），對政府的「效率」與「經濟」關心較少，彼等利用行政改革，結合貴族與中產階級的利益，以達其政治目的。逐漸興起的中產階級，趁此良機進入政府機關中服務。其他的人諸如部會首長，他們則較注重改革是否帶來行政上的便利。此一階段文官改革中的各種觀點是由十九世紀自由、放任主義以及社會與經濟變遷等交織而成的。

諾斯考特與崔維萊恩的報告對英國之公共行政造成了極大的影響。此一報告主張去除政府用人的贍恩徇私與分贓制度，明定應考年齡，以競爭考試甄選人員，行政級的高級文官應考選牛津劍橋的畢業生，考試內容以學校所傳授之古代文字、歷史、科學、數學等課程爲主。因爲文官改革是一個繼續不斷的過程，當

新的政治與社會的壓力出現時，過去的主張往往很容易地變成攻擊的目標。大體上來說，英國第一次文官改革是一種政治性的嘗試，它使得過去爲政治與意見領袖視爲不負責任的文官，能更勇於負責。

　　同樣地，美國於一八八三年始確立考試用人、用人唯才的功績制度。此一文官制度是由政治與社會的壓力、觀念及外在環境等複雜因素所演變而來。潘德頓法案（Pendleton Act）的制定是由於文官改革推動者運用政治技巧、加斐爾德總統（James A. Garfield）被暗殺、不同的利益團體的參與、各政黨之間利用改革的主題以爭取他們各自的利益等因素促成的（Shafritz et al., 1986:9-18）。

　　一八八三年的文官改革同樣的亦是各種不同的動機與利益交織而成的。研究美國行政歷史的學者們認爲改革就是要淨化政治生活與提高行政效率。誠如舒茲（Carl Schurz）所說：「改革者欲恢復過去的行政能力、高的品德、公眾精神，以及使實際的政治更能吸引有自尊心及高度愛國情操的人進入政府機關服務」（Rosenbloom, 1980:449-450）。

　　但是改革者本身就是政治人物，除了道德的因素影響他們致力於改革運動之外，其他的因素往往亦左右他們。例如曾克斯（Thomas A. Jenckes）是文官改革的提倡者，同時亦是強森（Andrew Johnson）總統的政敵，他於一八六五年首次提出他的文官改革法案，旨在削弱總統的權力（Shafritz et al., 1986:11-12）。無論改革的主要動機是否受到道德、效率或權力等因素的

影響，改革運動不僅僅想在行政技術上獲得改進，而且想在政治上做基本的變革（Rosenbloom, 1980:450）。

國會對於文官改革的動機也是非常複雜的。某些國會議員關切道德上的問題；某些得不到政治恩惠，急欲俟機報復。然而大部分的國會議員則因感受到一八八四年選舉之氣氛而反映出他們的政治本能。亞瑟總統（Chester A. Arthur）支持此一改革運動，並不是想加強總統的行政領導，而是急欲驅除此一分贓制度。非常明顯的是國會既不期望亦不想將權力交給總統。雖然各部會首長失去了自由任命官員之權力，但大部分的首長卻願意放棄此一權力以換得令人勝任的文官。郭德金（E. L. Godkin）是文官改革運動的領導者，他認為「改革並不是明顯的國家政策使然」（Hoogenbloom, 1964:50）。它是外來壓力、個人與政治的動機，以及行政需求等因素妥協而成的。

潘德頓法案的制定與執行為美國現代化的文官制度奠定了基礎。大部分的學者均認為競爭性的考試制度，使得各式各樣的人能夠進入政府機關服務。但對於新進文官的本質卻有不同的觀點。例如胡眞布姆（Ari Hoogenbloom）認為競爭性的考試制度使得社會地位較高的人較易錄取，而造成較不民主的現象（Hoogenbloom, 1958-9:312）。相反地范瑞普（Paul P. Van Riper）卻認為在十九世紀末葉的政治與社會情況之下，改革使文官更具代表性（Van Riper, 1958:101-111, 538）。

潘德頓法案的實施，使得美國文官制度發生了若干的變化。第一，許多企業界的人士進入了政府機關服務。第二，企業的方

法與新的學科如經濟學、統計學等運用到政府的業務上。第三，由於禁止向文官要求攤派政治性費用，政客轉向企業界人士尋求財政上的支援，因而使得企業界人士獲得政治權力。第四，在文官體系中，對於文官的保障已經擴展到非常高的層級。

第三節　戰後美國文官改革的情形

美國自一八八三年後，文官制度之發展經過無數次的波折而漸趨成熟。第二次世界大戰之前，文官委員會大體上符合其成立的宗旨——即公開競爭考試以選拔人才，服務成績優良者保有職位（tenure），政治中立以保護文官避免受到任何政治壓力，並給予文官安全性之保障。一九五〇年代之末期范瑞普認為文官制度太注重「官樣文章」（red tape）與程序性的控制，免職程序過於嚴格，並成立了許多以公正、公平、公開為名的覆審及申訴委員會（Van Riper, 1958:529）。此種強調「中立保護主義」（neutral protectionism）與「尊重法律的複雜性」（legalistic complexity）在後來水門事件發生後，就暴露了此一功績制度的缺點（Newland, 1976:529-537）。

由於對於文官之保護有逐漸增加之趨勢，相對地文官政治化（politicization）亦逐漸加強。歷來政府認為文官的權力威脅到他們的政治目標，所以增加了政治性任命官員之數目，並審查永業化的各級行政主管是否對其效忠。如果與他們立場不同者則常遭

受到排斥。如此保護文官避免受到政治壓力的同時，正好更進一步地加速了文官政治化。

一九五三年至一九五五年間的第二次胡佛委員會（Second Hoover Commission）正足以說明文官改革的政治動態。該委員會之成立是新執政的共和黨政府與國會企圖使文官體系變得更能代表與反映其保守的價值與利益。他們認為文官體系之所以不能負起責任，是因為大部分的文官為民主黨員，且擔任政策制定的角色。因而胡佛委員會決定將政治性任命的官員與永業化的文官予以明確地劃分，並將高級文官列入永業化文官範圍之內，以避免受到政治性的影響。該委員會認為此種措施，可以增加政治性任命官員之數目，使他們能夠更保守並有企業化的觀念。不幸的是該委員會的報告於一九五五年提出時，政治環境已有了變化，許多改革的建議並不為政府當局所採納。

卡特總統（Jimmy Carter）入主白宮時，與他前幾任的總統一樣，均想如何去控制權力龐大的聯邦文官體系。他競選時的諾言就是要改進及重組聯邦政府，以引起民眾對文官體系的注意（Knudsen et al., 1979:172-173）。卡特當選總統之後，政治性任命的官員與文官之間的敵對與不信任更是越來越激烈。一九七八年文官改革法案（Civil Service Reform Act of 1978）就是要改組政策的次級系統，使文官更能回應總統未來的政策，並期望以私人企業的管理方法與技術，來提振公務生產力（Nigro, 1979:229-230）。

卡特總統促成文官改革法案通過的目的在於改進政府的行政

效率，與增加對於文官的保護以阻止政治性的濫權（Campbell, 1979:157）。但是卡特政府所強調的重點就是文官委員會主席肯貝爾（Alan Campbell）所謂的「政府已處於半癱瘓的狀態，各種法規、命令與程序的限制，使得政治性任命的機關首長無法挑選、激勵及管理他們的部屬」（Campbell, 1978:101）。因此，卡特總統的文官改革可說是企圖重開文官制度的後門。

支持「文官改革法案」，尤其是設置「高級行政官」（Senior Executive Service, SES），有不同的理由。許多永業化的高級行政官員認為他們的工作生活，完全受制於權力太集中的制度，而且經常為不利於他們的規章所限制。負有管理責任的永業化官員則認為制度削弱了他們工作的能力，使他們無法負起責任，甚至無法獎優汰劣。文官委員會的永業化文官在尼克森政府（Nixon Administration）時期早已建議在聯邦政府中設置一群專業性政府管理者。當卡特政府的幕僚詢問時，此建議剛好派上用場。因此，卡特政府所提出許多文官改革的建議，實際上就是文官本身所想出來的。

文官委員會主席肯貝爾與副主席舒格曼（Jule Sugarman）扮演了積極性的角色，因而贏得永業化文官、國會及利益團體的支持。卡特總統本身積極的努力參與，更贏得其內閣與國會的支持。最後該法案立法的成功，大部分歸功於有利的政治氣候與國會領袖的立法技巧（Nigro, 1979:196-239）。

卡特政府向國會、高級文官與民眾推銷「高級行政官」時強調政府需要良好的「管理」。就卡特政府而言，有效率與有效能

的管理有兩方面的意義。它使得政治性任命的官員能夠反映民意及提高公務生產力，以達行政目標；同時對於工作努力之文官給予更多的物質報酬（Lasko, 1980）。

但是並不是所有與文官改革有關的人都有一致共同的目標或期望。舒格曼指出：「一九七八年之文官改革是許多以前為人所忽視的力量，在一瞬間聚集在一起產生動力，因而促進實際的改革。」（Sugarman, 1978:8）此次對於文官改革所產生的共識，卻是絕無僅有的。

現在許多高級文官對於此次改革的主要內容表示懷疑。許多官員認為SES無法提供足夠的誘因，以留住工作能力甚強的文官，因為國會限制了SES基本薪俸的上限，以及減少了績效報酬（performance rewards）。同時許多高階之官員認為獎金制度使他們感到受侮辱，好像他們工作並不努力，因而有此獎金制度的設置。考績亦是永業化之高級文官所關心的。大部分的主管認為考績與待遇、獎賞或其他人事措施並沒有密切地配合。許多高級行政主管認為考績制度中規定在任職SES職位中，如果被考評為「不滿意」（unsatisfactory），而被免除SES職位，不得提出申訴，以及提供了非常大的管理彈性（如轉任非SES職位）。此一考績制度已經將高級文官予以政治化了，並減少了他們原有存在的價值——即他們能對任何事情做獨立的判斷。

SES職位部分實施之後，使得人員士氣大跌，政府高級主管之退休率增加，高級行政主管協會（Senior Executive Association）的成立即是在保護SES成員之利益。吾人認為SES職位之實施已

歷經多年了,如果它還能平安地通過國會的審查,那真是件不可思議的事。

第四節　戰後英國文官改革的情形

英國自從諾斯考特與崔維萊恩兩人提出知名的報告後,即據此報告所提之原則,來建立文官制度,但此種共識在第二次世界大戰之前已經開始粉碎了。首先,由於政府部門的增加、功能不斷的擴張,因而關心到文官的權力以及傳統的部長責任的觀念是否能夠維繫一個負責任的文官體系。其次,第二次世界大戰之後,英國經濟衰退,社會呈現著悲觀的論調,文官們自我反省、教育擴張以及民主化等因素,導致文官不得不採取新的結構與過程,以適應新的變局(Sampson, 1962:637-638)。

傅爾頓委員會的產生是由於專家的、政治的與個人的動機與價值等不同的因素妥協而成的。非常明顯的是學術及一般的論著要求:決策應公開、國會監督應予以加強、羅致更多的專家、更有效的管理,以及廢除職級結構;上述這些要求都是強調政府應更具「公開性」與「代表性」。他們所提的意見可能相互矛盾,所以在執行時可能會造成不知所措的情況。

政客所發表的意見經常是令人迷惑的。國會議員一方面攻擊文官缺乏創新與活力;另一方面批評文官未能反映民意,同時經由國會的委員會建立起文官對其負責的制度。在此同時,各種不

同的文官團體一方面欲使其會員很容易地進入行政機關工作，或使他們的地位與行政級（administrative class）相當；另一方面保護他們的會員避免受到內在與外在的挑戰。

同樣地高級文官在文官改革中亦扮演了積極性的角色。傅爾頓委員會成立之前，許多行政組織與行政實務已經遭受到批評而尋求改變。但是文官的價值觀往往與外界批評者的價值觀不同。文官所關心的是內部的效率、工作順利與否，以確保行政級的地位與特色，以及部長責任制的基本原則。然而外界的批評者則在外面提供部長們不同的建議，並欲使行政更符合平等的精神。

一九六四年內外在的壓力以及政黨政治的關係，促成了文官改革。保守黨的道格拉斯－何姆爵士（Sir Alec Douglas-Home）強調傳統和與生俱來的本質，受到工黨威爾森（Harold Wilson）所提出「以科學與管理促進革新」的口號所挑戰（Presthus, 1964:211-216）。一九六四年大選時，工黨對文官提出了批評，認為他們壟斷信息，並閉門造車的制定政策。當時工黨的競選諾言就是要增加延攬科學家與經濟學者進入政府機關服務，並將更多的科學管理的技術運用到政府機關中。威爾森贏得大選後，文官改革即開始著手進行。

一九六五至一九六九年間，英國政府成立了許多委員會，針對各種興革事宜提出了不同的報告。其中要算傅爾頓委員會於一九六八年所提出的文官改革報告最為出色了。該委員會所提的報告無疑地是幫助威爾森首相建立起改革者的形象之一種政治性的便利。該報告本身是政治辯論的產物，所以內容模稜兩可，矛盾

之處甚多，例如欲產生更專業性的服務就必須增加文官之權力，但是政客們卻想對文官做更多的政治控制。儘管該報告的內容模稜兩可之處甚多，但其主要的精神則強調以科學管理的方法來達成有效的專家行政。傅爾頓委員會發現文官是業餘者，缺乏現代行政體系所應具備的管理及專業知識（黃臺生，民76：25）。所以該委員會建議：建立起能負責任的工作單位、減少行政人員的匿名（anonymity）、考選受過專業訓練的人員進入政府機關服務，以打破過去「部長責任制」之觀念（Plowden and Sir Hall, 1968:368）。

威爾森首相接受了該委員會的建議：(1)成立文官部；(2)設立文官學院；(3)各種職位合併為單一的職組體系。政客們所關切的就是他們的措施是否符合大眾需求改革之願望。自此改革業已告一段落，至於改革的細節問題則留給文官來執行。

有人說文官會破壞傅爾頓報告之改革計畫。另有人持多元論者的觀點，認為公會及文官為其本身的利益、國會對細節問題不感興趣，以及缺乏明確的指導原則，因而導致僅部分地執行該報告（Chapman and Greenway, 1980:Chap.3, 4）。無論人們是持何種觀點，漸進的改變是理所當然的。例如採取許多的步驟逐一去改革職級結構，而不是一蹴可及達成傅爾頓報告所建議的從最高階到最低階的一條鞭之職級體系。一方面因為執行改革的過程是漸進的，另一方面是因為改革是大的政治環境中的一部分，所以對於文官的一點小小批評，在短時間內鬧得風風雨雨，那就不足為怪了。

自從傅爾頓報告提出之後，對於文官批評聲浪總是不絕如
縷。一九七三年出版了一本《費邊論文集》，要求進行下一步驟
的行政改革（Garrett and Sheldon, 1973）。自此之後，報章雜誌及
學術期刊開始又對文官之問題加以辯論。一九七九年保守黨在大
選期間的競爭諾言之一就是要減少政府的支出與文官的人力。柴
契爾夫人上台之後，立即任命瑞納爵士為政治顧問，以督促各部
門增加效率，減少浪費。一九八一年十一月又撤銷文官部，將原
屬文官部負責的薪俸、服務條件及人力規劃等工作歸還財政部
（即恢復到傅爾頓報告之前的狀態），同時將組織及人員進用等業
務歸於新成立的管理及人事局（黃臺生，民76：36）。一九八七
年十一月一日復將管理及人事局裁撤，改組為文官大臣辦公室。
至於未來如何的演變呢？完全視政治情況而定，如果工黨再上
台，可能會再成立一個新的委員會或任務小組以解決行政效率的
問題（按：此種見解，在本書前一章中可以獲得明證）。

第五節　文官改革的啟示

　　儘管英美兩國文官改革的內容有很大的不同，但兩國文官改
革的過程卻是非常的相似。兩國都是受到社會及知識份子的壓力
而引發改革的。行政結構與行政實務的改變已經使得政府行政效
能與近來的社會價值相調和。誠如瓦爾杜（Dwight Waldo）所
說：行政的設計必須與他們所處環境的社會、經濟與意識形態等

因素相關聯（Waldo, 1952:91）。

在現實政治環境中，理念雖然經常屈服於利益團體間所妥協的協議之下，但是理念總有它的效果。例如第二次世界大戰之後，英國社會充滿著平等主義的觀念與價值，相信科學、技術及管理科學。傅爾頓委員會為了反映此一新的社會氣候，即提出新的標準以應用到文官之考選、訓練及高級文官的組織上。該委員會建議取消「行政級」職位，改為更寬的「行政職組」（administrative group）；在考選及訓練高級文官時，特別著重於經濟學、社會科學及管理等相關的學科。

英國在十九世紀時，新的中產階級興起，他們在社會與政治上逐漸取得優勢，造成他們需要一個更具代表性的文官體系。同樣地，勞工運動在第二次世大戰之後的幾年風起雲湧，因而導致需要更具代表性的高級文官。「行政級」的文官認知到中產階級及他們的政治領袖並不具代表性，所以他們努力地想以「專家」與「管理者」來取代「通才」與「業餘者」；以中產階級與勞工階級為主的倫敦政治經濟學院及其他大學的畢業生，來取代以貴族及上層階級為主的牛津劍橋的畢業生。

美國在第二次世界大戰後的幾年，除了一九六○年代之外，它的特色就是要求政府減少支出與活動，認為企業的原則與管理技術能解決政府之問題。意識形態上非常保守的第二次胡佛委員會，為了順應此種趨勢，於是採取激烈的手段，以減少政府的活動，並建議將永業化的高級文官與政治性任命的官員明確地予以劃分。該委員會對於在高級文官中增加保守的價值觀方面比較關

心，至於對社會階級的代表性方面而言，則較不注意。

一九七〇年代民眾對於政治之不信任又重新出現，整個社會對於行政機關的服務採輕視的態度，他們較崇尚「市場取向」的觀念。在此環境中，「高級行政官」（SES）應運而生，強調金錢報酬及職位的去留來改變行政行為，並且使文官更能代表卡特政府的管理態度。改革者贊成以私人企業的績效標準與管理技術，來衡量文官之績效，結果他們發現文官無法達到他們所定的標準。因此，傅爾頓與卡特的改革建議均強調：高級文官必須要更能代表執政者的立場與觀念，並能迅速地對執政者有所回應。兩者所提的改革建議均強調文官的管理能力以及注意「市場的取向」。

文官制度改革可說是對正在變遷的政治價值與目標的回應。將改革視為協調得很成功，以追求一致同意的目標，那就是把事情看得太單純了。文官改革並不是朝向明確既定的目標邁進，而是一個非常複雜的過程：它允許壓力的介入、溝通與討論觀念、與有關既得利益團體協商、在行政機關內決定改變的時機與策略（Chapman and Greenway, 1980:183）。

英美兩國的經濟壓力已經促使兩國去從事文官改革。戰爭、醜聞、政府功能的擴張等因素同樣是外在的因素催促政治領袖要求行政變革。盱衡改革期間，文官改革可以說具有多元論者的性質。改革的建議是來自高級文官、利益團體、政黨、國會、政府行政首長，以及改革的領導者。改革是在於追求更多的政治價值與利益。如果他們之間無法達成共識，改革之建議則付之高閣。

如果達成共識，至少某些建議可被接受。

英美兩國文官改革的努力說明了文官改革必須經過一段長時間的成長過程。假如歷史給了我們啓示，那就是在民主政治中文官的結構與實務，將會很快的順應一個正在變遷社會的價值以及新的執政者的利益與理念。

參考書目

黃臺生（民76），〈英國文官及其行政〉，《人事月刊》，第5卷第5期，第21頁至29頁；第5卷第6期，第31頁至38頁。

Campbell, A. K. (1978). "Civil Service Reform: A New Commitment," *Public Administration Review*, Vol.38, No.7, pp.101-103.

Campbell, A. K. (1979). "Civil Service Reform as a Remedy for Bureaucratic Ills," in C. H. Weiss and A. H. Barton (eds.), *Making Bureaucracies Work*. Beverly Hills, CA.: Sage Publications.

Chapman, R. A. and Greenway, J. R. (1980). *The Dynamics of Administrative Reform*. London: Croom Helm Ltd.

Drewry, G. and Butcher, T. (1988). *The Civil Service Today*. Oxford: Basil Blackwell.

Garrett, J. and Sheldon, R. (1973). *Administrative Reform: The Next*

Step, *Fabian Tract 428*. London: Fabian Society.

Harvey, J. and Bather, L. (1982). *The British Constitution and Politics*, 5th ed. London: Macmillan Education Limited.

Heady, B. (1974). *British Cabinet Ministers: The Roles of Politicians in Executive Office*. London: George Allen and Unwin.

Hoogenboom, A. (1958-1959). "The Pendleton Act and the Civil Service," *American Historical Review*, 64, (1958-1959).

Hoogenboom, A. ed. (1964). *Spoilsmen and Reformers*. Chicago: Rand McNally and Company.

Kavanagh, D. (1985). *British Politics: Continuities and Changes*. Oxford University Press.

Knudsen, S. (1979). "The Civil Service Reform Act of 1978," *Public Personnel Management* (May-June), pp.172-173.

Lasko, W. (1980). "Executive Accountability: Will SES Make a Difference?" *The Bureaucrat*, Vol.9, No.3, (Fall, 1980).

Newland, C. A. (1976). "Public Personnel Administration: Legalistic Reform Vs. Effectiveness, Efficiency, and Economy," *Public Administration Review*, Vol.36, No.5, pp.529-537.

Nigro, F. A. (1979). "The Politics of Civil Service Reforms," *Southern Review of Public Administration*, Vol.3, No.2, pp.229-230.

Plowden, L. and Sir Hall, R. (1968). "The Supremacy of Politics," *The Political Quarterly*, 39, (October-December, 1968), p.368.

Presthus, R. (1964). "Decline of the Generalist Myth," *Public Administration Review*, 24, (December, 1964), pp.211-216.

Rose, R. (1984). *Understanding Big Government: The Programme Approach*. London: Sage Publications.

Rosenbloom, D. (1980). "Public Personnel Policy in a Political Environment," *Policy Studies Journal*, 9, (Winter,1980).

Sugarman, J. (1978). "What the Administration Wanted," *The Bureaucrat*, Vol.7, No.2, (Summer, 1978).

Sampson, A. (1962). *Anatomy of Britain*. London: Hodder and Stoughton Ltd.

Shafritz, J. M. et al. (1986). *Personnel Management in Government: Politics and Process*, 3rd ed. New York: Marcel Dekker.

Smith, B. (1988). "The United Kingdom," in D. C. Rowat (ed.), *Public Administration in Developed Democracies: A Comparative Study*. New York: Marcel Dekker.

Van Riper, P. P. (1958). *History of the United States Civil Service*. Evanston, Ill.: Row, Peterson and Company.

Waldo, D. (1952). "Development of Theory of Democratic Administration," *American Political Science Review*, 46, (March-June, 1952), pp.81-103.

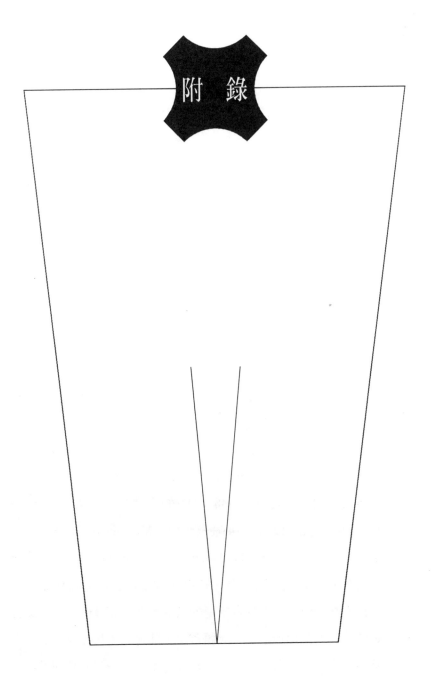

附　錄

附錄一　英國對政務官與事務官區分之概況

　　英國是典型內閣制的國家，其政治制度有下列五項主要特徵：(1)虛位元首，行政權屬內閣，立法權屬國會；(2)內閣對國會集體負責，內閣能否在位以能否獲得國會多數議員支持為準；(3)內閣與國會可相互對抗，即國會有不信任內閣權，內閣有解散國會權；(4)國會有質詢權；(5)閣員由國會議員兼任。

　　英國政務官與事務官之區分，在世界各國中最為詳盡。英國政務官的範圍大部分係以部長（或稱國務員）為主，除政府中任職的部長之外，還包括某些宮廷人員，例如皇室會計主任、審計主任、副掌禮大臣等都屬於部長的範疇，但通常所謂的部長指在政府中任職的部長而言。政府中的部長依一九三七年的英王大臣法（或稱國務員法）的規定，分為閣員部長和非閣員部長。非閣員部長包括次級部長（junior ministers）在內。按等級高低排列，英國的部長大致可以分為：(1)核心內閣部長；(2)一般閣員部長；(3)不入閣的大臣；(4)國務大臣（Minister of State）；(5)次級部長，即政務次長（Parliament Under-Secretary of State）。全部高級部長由首相提名，英王任命，次級部長由首相任命。另外，政府在國會中負責執行黨紀的黨鞭按期資歷高低，亦可以分別屬於上述適當類別之中，大體言之，部長的人數在第一次世界大戰前達五十人左右，直至一九八九年十月部長的名額則多達一

○五名，其中內閣部長二十二名，國務大臣三十三名，法務官員四名，政務次長二十六名，黨鞭（包括首席黨鞭）二十名（黃臺生，民83：12）。

　　英國是最早形成文官系統的西方國家，一八五九年英國的「年老退休法」第一次明確地規定了「文官」的適用範圍：(1)凡由英王直接任命或持有文官委員會合格證書，准予參加文職機關工作的；(2)凡其酬金全部係自聯合王國統一基金或由議會通過款項中付給的，均可稱爲文官。一九三一年英國皇家委員會即湯姆林委員會（Tomlin Commission）又對文官的範圍作了如下規定：「英王的僕人，除政治及司法官員以外，以文職身分任用，其退休金直接且完全由國會批准支付的公務員。」一九九三年文官統計年報對文官的定義亦持相同的見解：「英王的僕人，除政治、司法及基於任期而特別任命的官員以外，以文職身分任用並從政府人事費支領報酬的公務員。」（HM Treasury, 1993）是以，英國人稱文官爲英王的僕人（servant of the crown）與稱國會議員爲人民的僕人（servant of the people），稱法官爲法律的僕人（servant of law），在概念上是有所區別的。

　　綜合以上幾種對文官的規定與解釋，可以得知，英國的文官（即事務官）就是指政府行政部門中除去「政務官」以外的所有工作人員。文官不包括由選舉或政治任命產生的議員、首相、國務大臣、政務次長等政務官，亦不包括法官和軍人，還不包括政府企業單位的工作人員和地方自治工作人員（即選舉產生的自治機關工作人員）。一九九三年四月一日爲止，英國文官人數爲五

十五萬四千二百十二人。截至二○○○年四月一日爲止，文官總
人數爲四十七萬五千四百二十人（Cabinet Office, 2001: 2）。

　　英國的部長是政務官，是部的最高領導。每個部中有一名或
一名以上的國務大臣，負責部中某一方面的領導職務。有一名或
一名以上的政務次長，維持本部與國會的聯繫，也常負責領導由
部長指派的某方面的部務。國務大臣與政務次長均爲政務官，亦
同時負擔政治責任和行政責任。常務次長（Permanent Secretary）
是事務官之首，有下列四種功能：(1)他是部長的政策顧問；(2)
部內日常事務的指揮管理者；(3)對部內的組織與用人負最後責
任；(4)對部的經費支出效率與合法性負責。常務次長之下有一
名或一名以上的副次長（Deputy Secretary）或第二常務次長
（Second Permanent Secretary），協助常務次長督導若干司
（branches，有時亦稱divisions或departments）的業務。依部的業
務職能性質分爲若干司。各司的司長稱爲Under Secretary，負責
各司的政策事宜。司以下分爲處（divisions），其主管稱爲
Assistant Secretary，負責提供政策建議與處理有關政策細節事
宜。處以下設科（sections），科長稱爲Principal，負責本科的業
務。（Drewry and Butcher, 1988:137-141）

參考書目

黃臺生（民83），〈英國中央行政機關的組織及其權力〉，《人事
　　行政》，第109期，第2頁至21頁。

Cabinet Office (2001).*Civil Service Statistics 2000*. London: HMSO.

Drewry, G. and Butcher, T. (1988). *The Civil Service Today*. Oxford: Basil Blackwell.

HM Treasury (1993). *Civil Service Statistics*, 1993 ed. London: HMSO.

附錄二　英國政府行政中立之作法

　　行政中立為西方國家民主政治發展，尤其是政黨政治興起後之產物。行政中立的目的，在於避免公務人員介入政爭、黨政掛鉤、利益輸送，以及以私害公等情事，進而保障公務人員的專業性與永業性、政策執行的連續性，以及國家政局的穩定性。

　　英國落實行政中立的制度與作法，歸納之係從下列五方面著眼設計（許濱松，民83；陳德禹，民83：22-23；吳定等，民92：409-420）：

一、界定公務人員之責任、角色與立場

　　埃斯塔法典（Estacode）規定：「公務人員對國家負有忠誠義務，並應留意其行為之高尚，而且應合於倫理，以期使公務人員獲得輿論讚賞。」

二、保障公務人員身分及地位

　　英國的制度設計，是使各部常任文官統歸常務次長負責管理。至於各部高級常任文官包括常務次長等，雖然應由各部部長任命，然而實際上是經由財政部推薦後，由國內文官首長辦理。

而各部部長無論在任何情形下，從未企圖破壞此一原則。此一設計之目的在使常任文官的管理不致受到政治干涉，以保障常任文官之行政中立。

三、限制公務人員政治活動之範圍或對象

英國限制公務人員政治活動的程度或範圍，係依其職務重要性之高低加以區分，其分別如次：

1. 基層人員及實業人員（皇家造船廠、兵工廠之作業員工等），可以完全自由從事政治活動。
2. 辦事員、打字人員等，除不得為議員候選人外，經核准得參加政治活動。
3. 高級公務人員，禁止從事全國性的政治活動，但經核准得參加地方性政治活動。

四、限制公務人員參加政治或政黨活動

英國的政治活動，分為全國性的及地方性的；「全國性的政治活動」包括四項：(1)國會或歐洲會議候選人的公認（adoption）；(2)擔任政黨組織的職務；(3)從事競選國會或歐洲會議的候選人代表或政黨代表；(4)關於全國政治爭論事項，公開演說或用書面表示意見。而「地方性的政治活動」，係指與地

方事務有關相同類型的政治活動（Drewry and Butcher, 1988:127-129）。英國限制公務員參與政治或政黨活動的範圍，以確保行政中立的規定，主要有三（HMSO:1993），茲分述如次：

第一，西元一九五三年發表一項白皮書，將公務員分為三類，並規定各類公務員可以參加政治活動的程度。

1.政治自由類（politically free group）：由實業人員及非部會職等人員組成。此類公務員除了必須遵守「公務秘密法」（The Official Secrets Act），不能於上班時間從事政治活動，並須採取適當的措施，以免其部長及部會受窘外，可以完全自由地從事全國性及地方性的政治活動。

2.政治限制類（politically restricted group）：由高級公務員、行政練習員及中上級科員組成。此類公務員僅禁止從事全國性的政治活動，其經所屬部會核准者仍得適度審慎地參加地方性的政治活動。

3.中間類（intermediate group）：由上述兩類人員以外的公務員組成，包括辦事員、打字人員及負有政治決策相關之技術與專業責任的人員，此類公務員經核准得參加全國性及地方性的政治活動。

第二，一九六〇年發布樞密院令，規定任何公務員均不得向選舉人發表演說，或以公開的方式，自行或透過第三者宣布自己為目前或未來選舉的候選人。

第三，英國為使常任文官的管理不受到政治的干涉，以保持

常任文官的行政中立，規定各部會常任公務員，統歸常務次長
（即文官長）負責管理。至於各部高級常任公務員，包括常務次
長等，雖由各部部長任命，而實際上係由財政部推薦後辦理，是
以財政部常務次長爲英國「國內文官首長」；一九八七年文官改
革之後，則由內閣秘書長兼國內文官首長。國內文官首長是英國
政治與行政的橋樑，當各部部長與其所屬高級公務員間發生歧見
時，均是透過首相與國內文官首長的居間協調，如此英國常任文
官才得以完全的超然獨立。

五、限制公務人員參與競選或選舉活動

英國之政治自由類（低級）文官，約占文官總數的60%，他
們可以完全自由地從事中央或地方的競選活動，但在競選提名前
須辭去公職。中間類（中級）文官，經所屬部部長許可後可參加
競選。至於政治限制類（高級）文官，則完全被禁止參加全國性
競選，但在部長批准下，可參加地方性競選。

凡公務人員欲競選國會議員時，必須先行辭職，結果如未當
選，僅限於政治自由類及中間類人員可以復職。

任何公務人員不得向選舉人發表演說，或以公開方式，自行
或透過第三者宣布其自己爲目前或未來選舉的候選人。

公務人員不得兼任下議院議員，但得兼任上議院議員，其兼
任者於職務許可情形下，雖可出席會議，但在退休或辭職前，不
得參加辯論或表決。

參考書目

吳定等（民92），《行政學》（二），修訂四版，台北縣：國立空
　　中大學。

許濱松（民83），〈英美公務員政治中立之研究——兼論我國公
　　務員政治中立應有之作法〉，中央研究院歐美研究所主辦：
　　文官體制之跨國比較學術研討會，民國83年12月16日。

陳德禹（民83），〈行政中立的理念與實踐〉，《銓敘與公保月
　　刊》，第3卷9期，第21頁至24頁。

黃臺生（民90），〈公務人員行政中立法制化的省思〉，《考銓季
　　刊》，第27期，第82頁至104頁。

Drewry, G. and Butcher, T. (1988). *The Civil Service Today*. Oxford:
　　Basil Blackwell.

HMSO (1993). Civil Service Management Code: Personnel
　　Management, 4.4 Political Activities, Rules 4.4.1-4.4.21.

MEMO

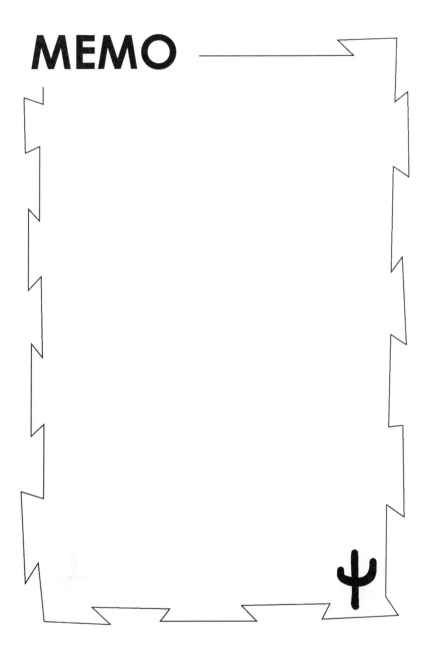

MEMO

公共管理——英國文官體制的再造　　　POLIS 26

著　　者／黃臺生
出 版 者／揚智文化事業股份有限公司
發 行 人／葉忠賢
總 編 輯／林新倫
執行編輯／晏華璞
登 記 證／局版北市業字第 1117 號
地　　址／台北市新生南路三段 88 號 5 樓之 6
電　　話／(02)2366-0309
傳　　真／(02)2366-0310
E - m a i l ／yangchih@ycrc.com.tw
網　　址／http://www.ycrc.com.tw
郵撥帳號／19735365
戶　　名／葉忠賢
印　　刷／偉勵彩色印刷股份有限公司
法律顧問／北辰著作權事務所　蕭雄淋律師
初版一刷／2003 年 12 月
定　　價／新台幣 350 元
Ｉ Ｓ Ｂ Ｎ／957-818-567-7

國家圖書館出版品預行編目資料

公共管理：英國文官體制的再造 / 黃臺生著. --
初版. -- 台北市：揚智文化, 2003[民 92]
面； 公分. -- （Polis；26）
含參考書目
ISBN 957-818-567-7（平裝）

1. 人事制度 – 英國

574.414   92017112